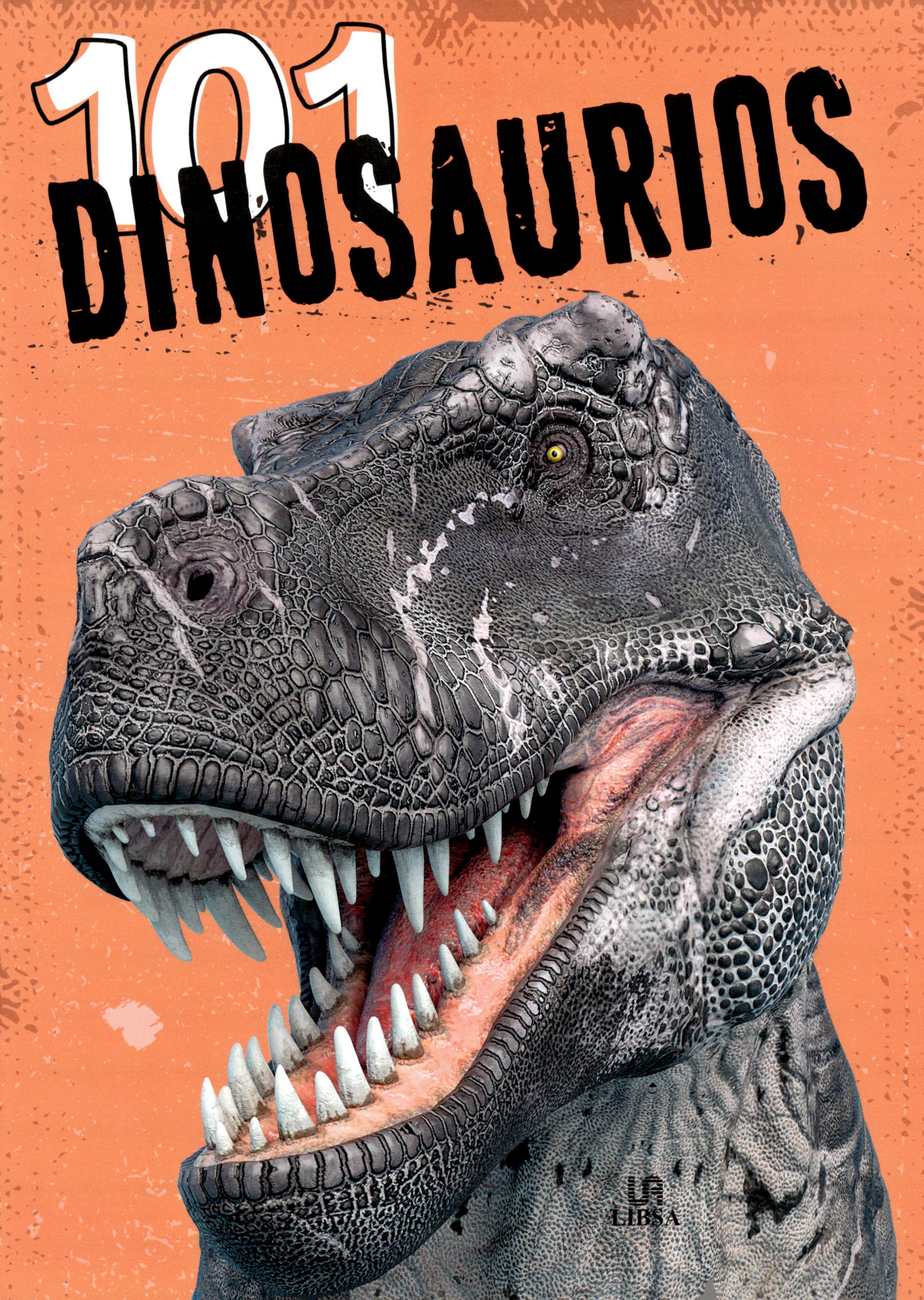

101 DINOSAURIOS

LIBSA

© 2024, Editorial LIBSA
C/ Puerto de Navacerrada, 88
28935 Móstoles (Madrid)
Tel.: (34) 91 657 25 80
e-mail: libsa@libsa.es
www.libsa.es

Textos: Carmen Martul Hernández
Ilustración: Archivo editorial Libsa, Shutter Stock Images
Maquetación: Roberto Menéndez González -
   Diseminando Diseño Editorial
ISBN: 978-84-662-4330-8

DL: M-33472-2023

CONTENIDO

1 ACROCANTHOSAURUS

Gigante cazador

■ Este terrible depredador atacaba a sus presas por la espalda, les clavaba sus enormes garras y sin más esperas, ¡comenzaba a devorarlas!

Largo	13 m
Alto	3,5 m
Peso	3 500–5 500 kg
Posible hábitat	Bosques y marisma
Alimentación	Carnívoro
Vivió...	... a mediados del periodo Cretácico, hace unos 125 millones de años en lo que hoy son los estados de Oklahoma y Texas, en Estados Unidos

Su nombre significa «lagarto de espinas altas» debido a una especie de joroba que le recorría el cuello y la espalda y estaba formada por las prolongaciones espinosas de las vértebras.

Largo	5 m
Alto	3 m
Peso	20 000 kg
Posible hábitat	Áreas pantanosas y probablemente desiertos
Alimentación	Herbívoro
Vivió...	... a finales del periodo Cretácico, hace unos 75 millones de años, en lo que hoy es el estado de Texas, en Estados Unidos

2 AGUJACERATOPS

Cuerno de aguja

Igual que su pariente más conocido, el *Triceratops*, este dinosaurio contaba con unos cuernos largos y puntiagudos con los que no dudaba en embestir a cualquier animal que le atacase pensando en convertirlo en su cena.

■ Su inmensa cabeza estaba rematada con un pico agudo, como el de un loro, con el que arrancaba hasta los vegetales más duros.

Largo	25 m
Alto	12,5 m
Peso	Hasta 50 000 kg
Posible hábitat	Zonas cercanas a ríos y lagos
Alimentación	Herbívoro
Vivió...	... a finales del periodo Cretácico, hace unos 70 millones de años, en varios lugares de los actuales Estados Unidos

3 ALAMOSAURUS
Un cuello laaargo

Es uno de los mayores dinosaurios que haya existido nunca, más largo que un vagón de tren, tan alto como un edificio de diez plantas e igual de pesado que un cachalote actual.

Diariamente, este dinosaurio necesitaba beber unos 600 l de agua, lo que equivale a ¡2 400 vasos de los que tú bebes habitualmente!

4 ALBERTOSAURUS
Comedor de carne

Largo	8 m
Alto	3 m
Peso	2 500 kg
Posible hábitat	Bosques templados
Alimentación	Carnívoro
Vivió...	... a finales del periodo Cretácico, hace unos 71 millones de años, en lo que hoy es el estado de Alberta, en Estados Unidos

Su buena vista y su excelente olfato le ayudaban a localizar a sus presas, que difícilmente podían escapar de la terrible mordida de este animal, ya que también era muy veloz.

Era un depredador tan terrible como *Tyrannosarus* y se parecía mucho a él, aunque su tamaño era menor; este «pequeñín» pesaba lo mismo que un rinoceronte negro.

Largo	6 m
Alto	2,5 m
Peso	400 kg
Posible hábitat	Planicies y semidesiertos
Alimentación	Carnívoro
Vivió...	... a finales del periodo Cretácico, hace unos 75 millones de años, en lo que hoy es Mongolia, en Asia

Parece que el macho tenía púas entre los ojos y en el hocico, unos «adornos» que a la hembra le resultaban muy atractivos.

5 ALIORAMUS
Cazador asiático

Con una cabeza chata y cuadrada, los brazos cortos, las patas largas y las garras y los dientes muy afilados, este animal era un representante típico de los dinosaurios carnívoros de la época. Parece que, al igual que sus parientes, era bípedo, es decir, que caminaba sobre las patas traseras.

6 ALLOSAURUS
Feroz enemigo

A pesar de su temible aspecto y gran tamaño, su mordida era un poco débil, por lo que, después de inmovilizar a su presa con las garras, tenía que morderle varias veces en el cuello para impedir que llegase el aire a los pulmones y matarla por asfixia.

Largo	12 m
Alto	4,5 m
Peso	2 000 kg
Posible hábitat	Bosques de coníferas y praderas de helechos
Alimentación	Carnívoro
Vivió...	... a finales del periodo Jurásico, hace unos 160 millones de años en lo que hoy es Norteamérica

Las crías recién nacidas ya eran capaces de caminar y alimentarse por sí solas con pequeños insectos.

La cola era muy larga y servía de contrapeso para su gran cabeza.

ANCHISAURUS
Muy primitivo

Largo	2 m
Alto	70 cm
Peso	27 kg
Posible hábitat	Semidesiertos
Alimentación	Herbívoro; posiblemente, también carnívoro
Vivió...	... a principios del periodo Jurásico, hace unos 200 millones de años, en lo que hoy es Norteamérica

- El animal adulto era igual de alto que un niño de un año.

- El dedo pulgar de cada mano estaba armado con una garra grande.

Comía preferentemente plantas del suelo o de la parte baja de la vegetación, pero también podía alzarse sobre las patas traseras para alcanzar algún bocado especialmente apetitoso. Algunos creen que la carne también formaba parte de su dieta.

En la zona de los ojos tenía un par de pequeños cuernos y un abultamiento parecido a una cresta. ¿Esos adornos le servirían para proteger sus ojos del sol?

Las mandíbulas estaban articuladas de forma que le permitían abrir mucho la boca.

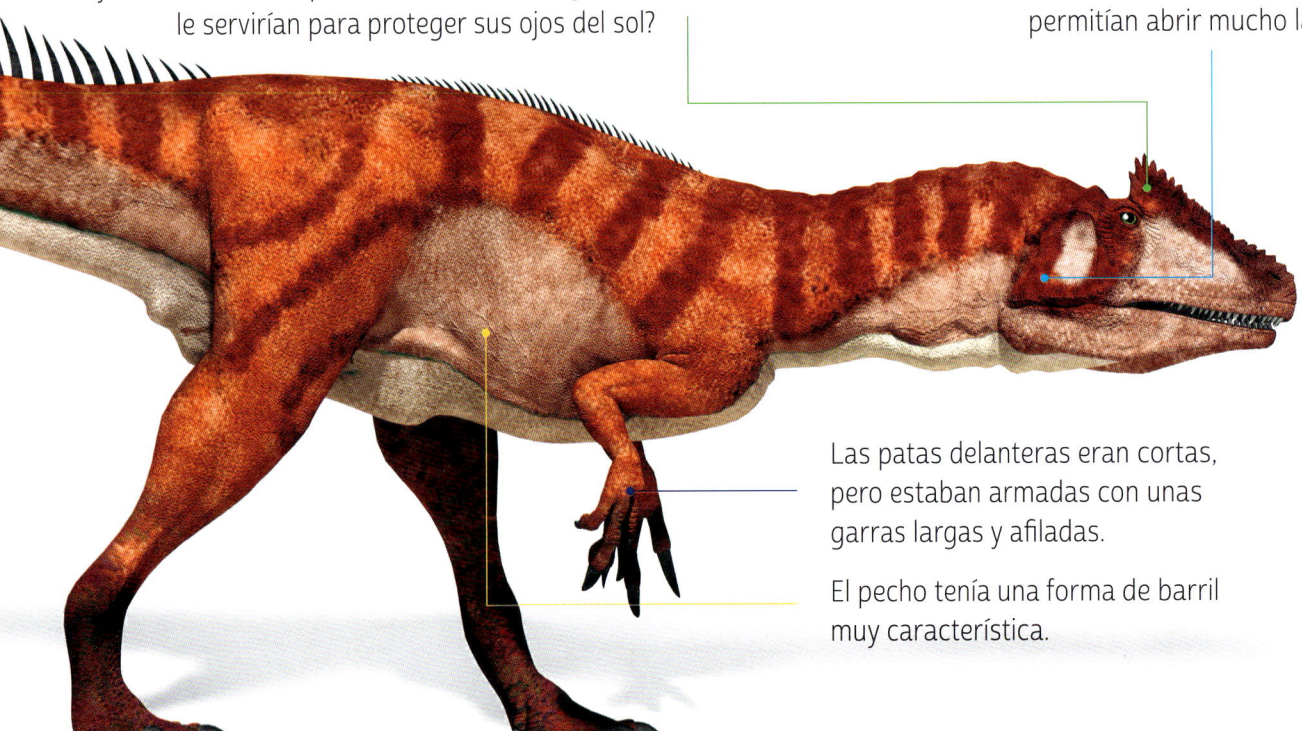

Las patas delanteras eran cortas, pero estaban armadas con unas garras largas y afiladas.

El pecho tenía una forma de barril muy característica.

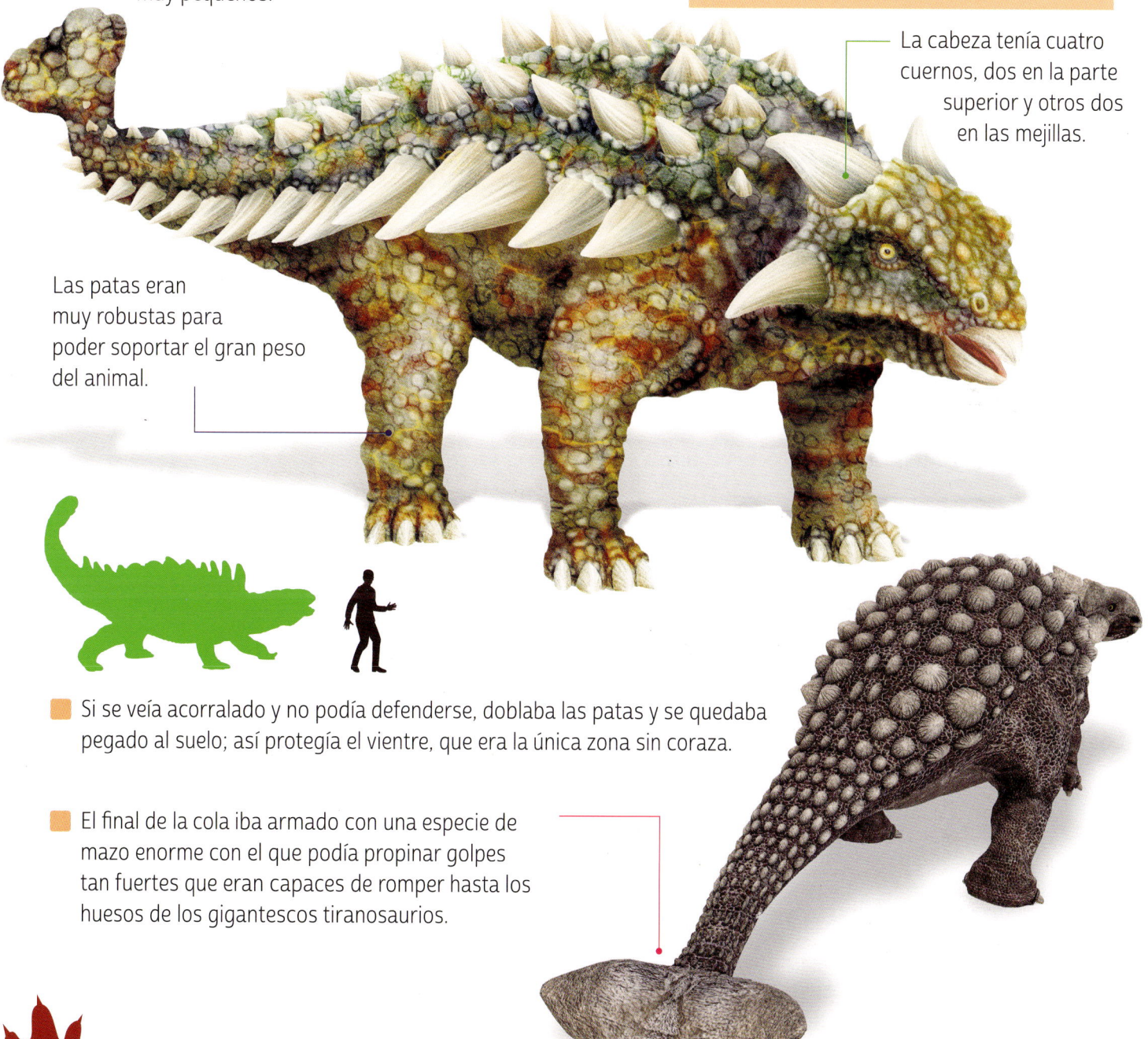

ANKYLOSAURUS
Lagarto acorazado

La cabeza, el cuello, el cuerpo y la cola de este dinosaurio estaban recubiertas por una especie de coraza que impedía a los depredadores hincarle el diente fácilmente.

Largo	10 m
Alto	1,8 m
Peso	6 000 kg
Posible hábitat	Zonas cálidas y húmedas
Alimentación	Herbívoro
Vivió...	... a finales del periodo Cretácico, hace unos 68 millones de años, en los territorios del oeste de Norteamérica

Escogía para comer vegetales muy tiernos, porque en la parte central del pico no tenía dientes y los laterales eran muy pequeños.

La cabeza tenía cuatro cuernos, dos en la parte superior y otros dos en las mejillas.

Las patas eran muy robustas para poder soportar el gran peso del animal.

Si se veía acorralado y no podía defenderse, doblaba las patas y se quedaba pegado al suelo; así protegía el vientre, que era la única zona sin coraza.

El final de la cola iba armado con una especie de mazo enorme con el que podía propinar golpes tan fuertes que eran capaces de romper hasta los huesos de los gigantescos tiranosaurios.

Largo	25 m
Alto	4,5 m
Peso	30 000 kg
Posible hábitat	Praderas y bosques de helechos
Alimentación	Herbívoro
Vivió...	... a finales del periodo Jurásico, hace unos 155 millones de años, en lo que hoy son los estados de Utah y Montana, en Estados Unidos

9 APATOSAURUS
Lagarto «trueno»

Era un animal enorme y muy pesado, cuyas patas, al caminar, impactaban contra el suelo produciendo un ruido sobrecogedor, similar al de un trueno.

■ A pesar de su gran tamaño, su cabeza era muy pequeña (apenas 55 cm) y encerraba un cerebro diminuto con el que solo detectaba estímulos muy simples, como la presencia de alimento o la de un peligro.

■ La altura de este dinosaurio equivalía a la de una casa de dos pisos.

10 ARCHAEOPTERYX
¿Eres un dino?

■ El tamaño de este animal era muy similar al de una urraca o un cuervo.

■ No se sabe si podía volar. Algunos creen que trepaba a los árboles ayudándose de las fuertes garras de sus patas y, al alcanzar una rama, lanzarse desde ella y planear hasta el suelo.

Largo	50 cm
Alto	25 cm
Peso	1 kg
Posible hábitat	Zonas boscosas
Alimentación	Insectívoro
Vivió...	... a finales del periodo Jurásico, hace unos 150 millones de años, en lo que hoy es Alemania

En realidad, este animal no es un dinosaurio; se piensa que representa el paso intermedio en la evolución de los reptiles a las aves. Su aspecto no podía ser más extraño: cabeza cubierta de escamas, mandíbulas con pequeños dientes y alas con plumas y dotadas de garras.

Largo	26 m
Alto	7 m
Peso	20 000 kg
Posible hábitat	Grandes llanuras
Alimentación	Herbívoro
Vivió...	... a finales del periodo Jurásico, hace unos 150 millones de años, en lo que hoy es Norteamérica

11 BAROSAURUS
Gigante muy lento

El aspecto de este gigantesco dinosaurio era muy similar al del diplodocus, pero con la cola más corta y el cuello más largo. Su nombre le va perfecto, porque significa «lagarto pesado lento».

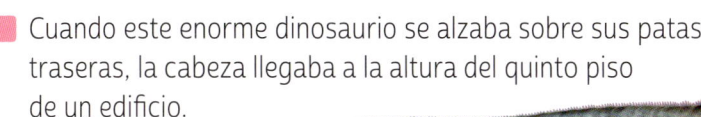

- Cuando este enorme dinosaurio se alzaba sobre sus patas traseras, la cabeza llegaba a la altura del quinto piso de un edificio.

- Su larguísimo cuello medía alrededor de 14 m de largo.

12 BARYONIX
Hocico de cocodrilo

Una garra gigante de unos 35 cm remataba cada mano y le servía para capturar peces, que eran su principal comida.

- Uno solo de los huevos que ponía la hembra de *Baryonix* era tan grande como tres de gallina y podía ser de color blanco o marrón.

Largo	9 m
Alto	3 m
Peso	2 500 kg
Posible hábitat	Zonas con ríos y lagos
Alimentación	Carnívoro
Vivió...	... en el periodo Cretácico, hace unos 130 millones de años, en Gran Bretaña, España y Portugal

- Sus mandíbulas, semejantes a las de los cocodrilos, tenían muchos dientes pequeños y afilados.

BRACHIOSAURUS
Uno de los más grandes

Lo que más le diferenciaba de otros dinosaurios herbívoros de cuello largo es que las patas delanteras eran más largas que las traseras. Y a esta característica hace referencia su nombre, que significa «lagarto de brazo alto».

Largo	26 m
Alto	12 m
Peso	40 000 kg
Posible hábitat	Bosques de coníferas y praderas de helechos
Alimentación	Herbívoro
Vivió...	... a finales del periodo Jurásico, hace unos 154 millones de años, en Norteamérica

Este dinosaurio era tan alto como un edificio de diez plantas y tan pesado como 12 elefantes africanos.

Tenía una cabeza y un cerebro muy pequeños.

La posición del cuello y la espalda tan inclinada recuerdan a la de una jirafa gigantesca.

Su altura le permitía alimentarse de las hojas que crecían en la copa de árboles que se elevaban hasta 9 m desde el nivel del suelo.

Se cree que su corazón pesaba 200 kg y movía 1 200 l de sangre.

Las patas delanteras eran muy robustas y tenían forma de columna.

Tenía una gran garra en el pulgar de cada mano.

14 CAMARASAURUS
Pequeño gigante

◻ Este dinosaurio era tan largo como una ballena franca o un cachalote actual.

◻ Las patas terminaban en cinco dedos, con una garra grande y afilada en cada mano para defenderse de sus atacantes.

Su nombre hace referencia a las cámaras o huecos llenos de sacos de aire que tenían sus vértebras y que servían para aligerar un poco su peso, ya que sus huesos eran grandes y robustos.

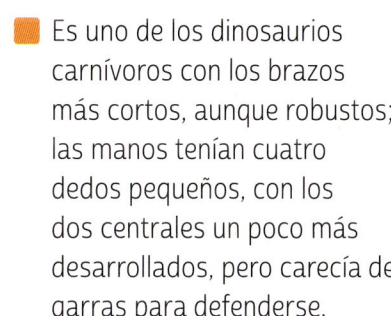

Largo	20 m
Alto	7 m
Peso	40 000 kg
Posible hábitat	Bosques abiertos
Alimentación	Herbívoro
Vivió...	... a finales del periodo Jurásico, hace unos 155 millones de años, en Norteamérica

15 CARNOTAURUS
Toro carnívoro

Es uno de los dinosaurios carnívoros con los brazos más cortos, aunque robustos; las manos tenían cuatro dedos pequeños, con los dos centrales un poco más desarrollados, pero carecía de garras para defenderse.

Es famoso por los dos pequeños cuernos que tenía en la frente. Parece que le servían para frenar el golpe cuando atacaba embistiendo, como un toro.

Largo	9 m
Alto	3,5 m
Peso	2 000 kg
Posible hábitat	Estuarios y llanuras costeras
Alimentación	Carnívoro
Vivió...	... a finales del periodo Cretácico, hace unos 72 millones de años, en lo que hoy es Argentina

Largo	1 m
Alto	75 cm
Peso	6,5 kg
Posible hábitat	Bosques
Alimentación	Carnívoro
Vivió...	... a principios del periodo Cretácico, hace unos 125 millones de años, en lo que hoy es Asia

16 CAUDIPTERYX
Dinosaurio emplumado

La boca estaba provista de un pico ganchudo con cuatro dientes largos y finos, que le servía para atrapar insectos y animales pequeños.

Aunque tenía unas preciosas y largas plumas coloreadas, similares a las de las aves, en la cola y en los brazos, este dinosaurio no podía volar, pero sí correr muy velozmente.

Su tamaño puede compararse al de un pavo real grande.

17 CENTROSAURUS
Muy robusto

En este dinosaurio, los adornos de su cabeza no eran tan duros como para servirle de defensa, pero seguro que sí los utilizaba para exhibirse.

Largo	6 m
Alto	1,8 m
Peso	2 700 kg
Posible hábitat	Llanuras y praderas
Alimentación	Herbívoro
Vivió...	... a finales del periodo Cretácico, hace unos 76 millones de años, en lo que hoy es Norteamérica

Además de un gran cuerno en la zona de la nariz, este dinosaurio tenía también otros dos más pequeños, dirigidos hacia arriba y situados sobre los ojos, y otro par, grande y en forma de gancho, en el borde externo de la gola que se extendía por detrás de la cabeza.

CERATOSAURUS
Lagarto cornudo

Este dinosaurio bípedo podía correr a una velocidad considerable, con lo que sorprendía a su presa; la agarraba con sus garras ganchudas antes de clavarle sus afilados dientes.

Largo	6 m
Alto	2 m
Peso	600 kg
Posible hábitat	Bosques, llanuras y zonas semiáridas
Alimentación	Carnívoro
Vivió...	... a finales del periodo Jurásico, hace unos 153 millones de años, en lo que hoy son Norteamérica, Europa y África

El cuerno que lucía por encima de la nariz medía unos 13 cm de largo, casi como un bolígrafo tradicional, y parece que solo lo tenía el macho.

Una «cresta» de huesos recorría su cuerpo desde el comienzo del cuello hasta el final de la cola.

Era un gran cazador, sobre todo de animales acuáticos, como peces y otros reptiles, aunque si se ponía a tiro otro gran dinosaurio, no desaprovechaba la ocasión.

Los dientes superiores parecían cuchillas, mientras que los inferiores eran más débiles.

Tenía una cabeza muy grande y pesada.

Los brazos eran muy pequeños.

Las patas, muy robustas, terminaban en tres grandes dedos con garras afiladas.

Largo	18,5 m
Alto	3,5 m
Peso	11 000 kg
Posible hábitat	Bosques y riberas de ríos
Alimentación	Herbívoro
Vivió...	... desde mediados hasta finales del periodo Jurásico, hace unos 180 millones de años, en lo que hoy son Inglaterra y Marruecos

19 CETIOSAURUS
El reptil ballena

Su descubridor pensó que se trataba de un animal marino gigantesco y por eso le puso el nombre de *cetus*, que significa «ballena». Pero se equivocó, porque este dinosaurio era exclusivamente terrestre.

🟪 Sus patas eran tan gruesas como columnas y terminaban en uñas parecidas a las de los elefantes, excepto en el pulgar de cada mano, que iba armado con una poderosa garra.

20 CHASMOSAURUS
Lagarto con aberturas

🟪 Su cráneo, de unos 2 m de largo, es uno de los más grandes que se ha hallado de un animal terrestre.

Largo	4,8 m
Alto	2 m
Peso	2 000 kg
Posible hábitat	Zonas boscosas
Alimentación	Herbívoro
Vivió...	... en el periodo Cretácico, hace unos 75 millones de años, en lo que hoy es Canadá

Este dinosaurio se distingue de sus parientes por las dos grandes aberturas, cubiertas de piel, que muestra la gola que le cubría el cuello y los hombros. Ese «adorno» se cree que estaba coloreado y le servía para atraer a su pareja.

Largo	3 m
Alto	1,5 m
Peso	100 kg
Posible hábitat	Zonas desérticas
Alimentación	Carnívoro
Vivió...	... a finales del periodo Cretácico, hace unos 84 millones de años, en lo que hoy es Asia

21 CITIPATI Con cresta

Este dinosaurio incubaba los huevos cubriéndolos de una forma similar a como lo hacen las aves actuales. Este comportamiento y otros datos hace pensar que tenía plumas, aunque no se han encontrado evidencias que lo demuestren.

■ El tamaño de este dinosaurio puede compararse al de los emúes actuales y su alta cresta se parece mucho a la del casuario.

■ Los huevos que ponía la hembra de *Citipati* se parecen a los de avestruz, tanto en forma como en tamaño.

22 COELOPHYSIS Veloz cazador

Este dinosaurio tenía un cuerpo muy esbelto y poco pesado, lo que le permitía gran agilidad de movimientos y una carrera a extraordinaria velocidad. Estas dos características eran sus mejores armas para la caza.

Largo	3 m
Alto	1 m, a la cadera
Peso	20 kg
Posible hábitat	Llanuras semidesérticas
Alimentación	Carnívoro
Vivió...	... a principios del periodo Jurásico, hace unos 200 millones de años, en lo que hoy son Norteamérica y África

■ Este dinosaurio tenía una vista tan aguda como la de las aves rapaces actuales, pero solo durante el día, porque por la noche no era capaz de ver ni a un palmo de su hocico.

■ Contaba con muchísimos dientes parecidos a cuchillas, muy afilados, curvados hacia atrás y con el borde en forma de sierra para desgarrar mejor la carne.

23 COELURUS
Con la cola hueca

Largo	2,5 m
Alto	0,75 m, a la cadera
Peso	20 kg
Posible hábitat	Zonas boscosas
Alimentación	Carnívoro
Vivió...	... a finales del periodo Jurásico, hace unos 152 millones de años, en lo que hoy es Norteamérica

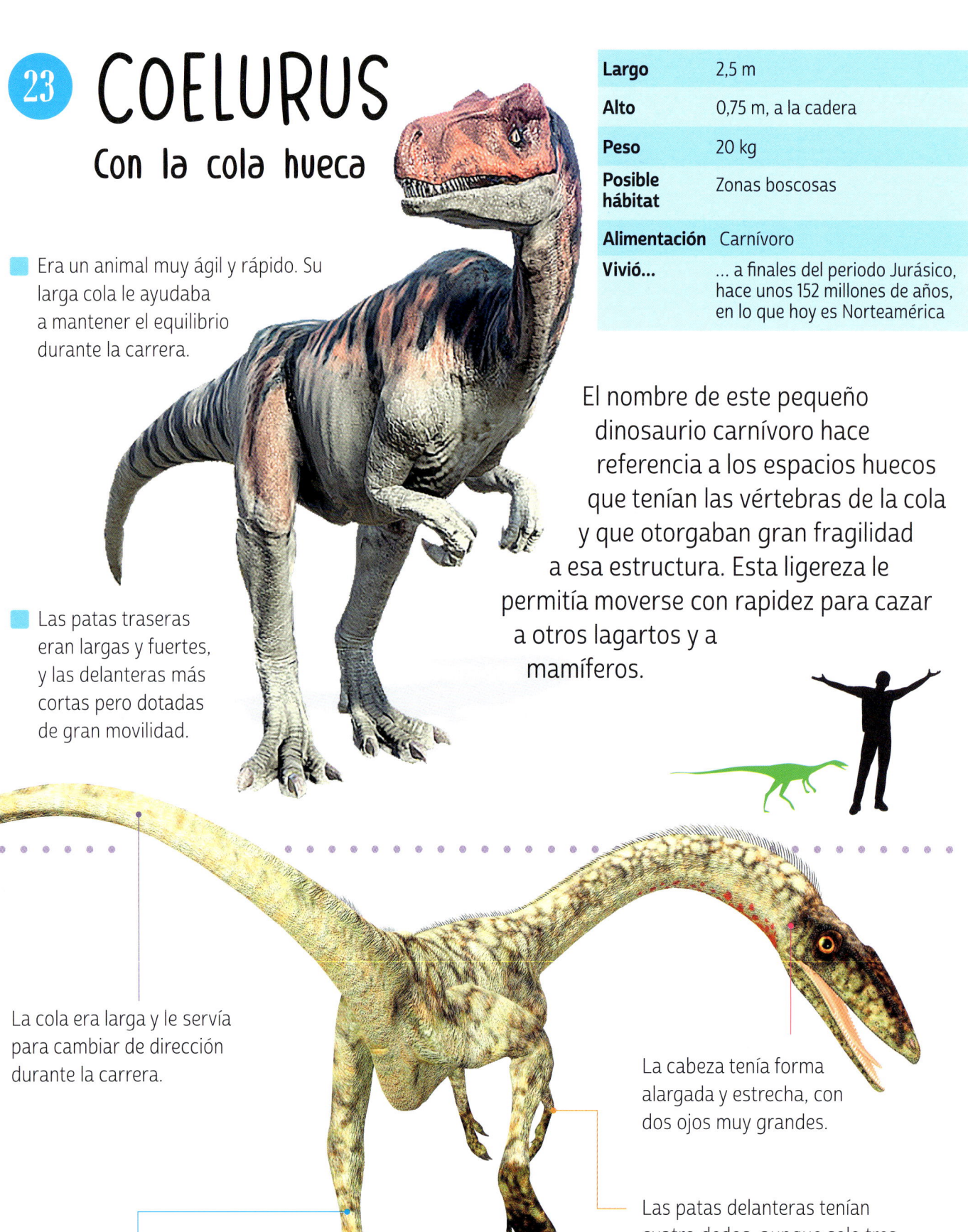

■ Era un animal muy ágil y rápido. Su larga cola le ayudaba a mantener el equilibrio durante la carrera.

■ Las patas traseras eran largas y fuertes, y las delanteras más cortas pero dotadas de gran movilidad.

El nombre de este pequeño dinosaurio carnívoro hace referencia a los espacios huecos que tenían las vértebras de la cola y que otorgaban gran fragilidad a esa estructura. Esta ligereza le permitía moverse con rapidez para cazar a otros lagartos y a mamíferos.

La cola era larga y le servía para cambiar de dirección durante la carrera.

La cabeza tenía forma alargada y estrecha, con dos ojos muy grandes.

Las patas delanteras tenían cuatro dedos, aunque solo tres podían ejercer suficiente fuerza para agarrar a una presa.

Las patas traseras eran parecidas a las de las aves actuales.

COMPSOGNATHUS
Certero y muy veloz

A pesar de su pequeño tamaño, era muy buen cazador y, sobre todo, extraordinariamente veloz. Sus fuertes patas y una velocidad máxima en carrera de 64 km/h, le permitían escapar de sus enemigos a través de las estepas herbáceas y los arenales.

Largo	1 m
Alto	0,4 m
Peso	3 kg
Posible hábitat	Estepas herbáceas y arenales
Alimentación	Carnívoro
Vivió...	... a finales del periodo Jurásico, hace unos 150 millones de años, en lo que hoy son Alemania y Francia

■ Era un dinosaurio muy pequeño, pues su tamaño se asemejaba al de un gallo actual.

■ Su velocidad en carrera era parecida a la del coyote moderno, también un certero cazador.

Largo	10 m
Alto	2 m, a la cadera
Peso	5 000 kg
Posible hábitat	Zonas pantanosas
Alimentación	Herbívoro
Vivió...	... a finales del periodo Cretácico, hace unos 77 millones de años, en lo que hoy es Norteamérica

CORYTHOSAURUS
Lagarto con casco

Su característica cresta hueca, semejante a un casco, eran un distintivo que poseían solo los machos. ¿Qué pensarían las hembras cuando vieran ese magnífico adorno en forma de abanico?

■ Era un dinosaurio muy veloz, que corría apoyándose solo en las patas traseras y en esa posición llegaba a alcanzar una velocidad de hasta 48 km/h.

Largo	3,5 m
Alto	1 m
Peso	500 kg
Posible hábitat	Zonas cálidas y húmedas
Alimentación	Herbívoro
Vivió...	... a mediados del periodo Cretácico, hace unos 98 millones de años, en lo que hoy es China

26 CRICHTONSAURUS
Fuertemente blindado

El «lagarto de Crichton», que es el significado del nombre de este dinosaurio, fue bautizado así en honor a Michael Crichton, el escritor estadounidense que creó la serie de novelas de *Parque Jurásico*, en las que se basan las célebres películas.

■ Su aspecto es similar al de su primo *Ankylosaurus*; como él, también se protegía con una dura coraza de placas y tenía la cola terminada en forma de mazo.

■ Vivía formando pequeñas manadas.

27 CRYOLOPHOSAURUS
Dinosaurio rockero

Largo	7 m
Alto	2,5 m, a la cadera
Peso	500 kg
Posible hábitat	Bosques cercanos a la costa
Alimentación	Carnívoro
Vivió...	... a principios del periodo Jurásico, hace unos 192 millones de años, en lo que hoy es la Antártida

■ Vivió en la Antártida, cuando esta tierra no era un continente helado y tenía un clima templado frío.

■ Su llamativa cresta le servía para que otros miembros del grupo le reconocieran y para asustar a sus posibles atacantes.

La extraña cresta que lucía en la frente, muy parecida a una peineta española, ha originado que popularmente también se le llame *Elvisaurus*, como recuerdo al tupé que lucía el cantante Elvis Presley.

DASPLETOSAURUS
Reptil pavoroso

■ El cuello tenía forma de S para moverse mejor y ser más fuerte y resistente.

Largo	8,5 m
Alto	3 m
Peso	2 500 kg
Posible hábitat	Llanuras cercanas a ríos o lagos
Alimentación	Carnívoro
Vivió...	a finales del periodo Cretácico, hace unos 77 millones de años, en lo que hoy es Norteamérica

■ En general, su aspecto recuerda mucho al de su pariente *Tyrannosaurus*, aunque no era tan grande y pesado como este.

Lo más llamativo de este dinosaurio era su enorme cabeza, de aproximadamente 1 m de longitud, que estaba bien preparada para no dañarse cuando golpeaba con fuerza a una presa durante la caza.

DEINONYCHUS

■ Como buen cazador que era, no solo iba armado con potentes garras, sino también con ¡70 dientes muy afilados!

Garra terrible

Largo	4 m
Alto	0,90 m, a la cadera
Peso	100 kg
Posible hábitat	Zonas boscosas
Alimentación	Carnívoro
Vivió...	... a principios del periodo Cretácico, hace unos 115 millones de años, en lo que hoy es Norteamérica

Su nombre se debe a la enorme garra curvada que tenía en el segundo dedo de cada pie. Era su mejor arma durante la caza, pues la usaba como un cuchillo para desgarrar la carne de su presa.

■ Las grandes garras traseras de este dinosaurio tenían una longitud descomunal: ¡unos 12 cm de largo!

30 DESMATOSUCHUS
Cocodrilo almizclero

■ La cabeza era muy pequeña y tenía un hocico parecido al de un jabalí almizclero actual.

■ De su coraza, en la zona de los hombros, sobresalían 2 grandes púas de unos 45 cm de largo que, probablemente, le servían como defensa.

Largo	5 m
Alto	1,5 m
Peso	570 kg
Posible hábitat	Praderas de helechos
Alimentación	Herbívoro
Vivió...	... a finales del periodo Triásico, hace unos 225 millones de años, en lo que hoy es el estado de Texas, en Estados Unidos

Este animal no es un dinosaurio, pero como ellos, pertenece al grupo de los reptiles y tiene algunas características similares a las de los cocodrilos actuales. Era uno de los más grandes de su grupo y su cuerpo estaba recubierto por una pesada coraza de placas cuadrangulares.

31 DIABLOCERATOPS
Con cuernos de diablo

Este dinosaurio herbívoro, para protegerse de los carnívoros que iban tras él, contaba con una estructura o volante de hueso alrededor del cuello, rematada por dos púas enormes, que le hacían parecer mucho más grande y fiero.

Largo	8 m
Alto	3 m
Peso	2 500 kg
Posible hábitat	Bosques templados
Alimentación	Carnívoro
Vivió...	... a finales del periodo Cretácico, hace unos 71 millones de años, en lo que hoy es el estado de Alberta, en Estados Unidos

■ Tenía un pequeño cuerno en la nariz y otros dos más pequeños sobre los ojos. Ninguno era un arma defensiva.

Largo	9 m
Alto	2,5 m
Peso	10 000 kg
Posible hábitat	Llanuras cercanas a ríos y lagos
Alimentación	Herbívoro
Vivió...	... a finales del periodo Cretácico, hace unos 67 millones de años, en lo que hoy es el estado de Wyoming, en Estados Unidos

32 DICERATOPS

Cara con dos cuernos

Su nombre hace referencia a los dos grandes cuernos que se elevaban verticales en su cabeza, en la zona de las cejas. También contaba con un cuerno nasal, que era bajo y de forma redondeada.

🟩 La cabeza de este dinosaurio era enorme: medía unos 2 m, que es mucho más que la estatura promedio de un hombre adulto.

33 DICRAEOSAURUS

Lagarto bifurcado

Largo	18 m
Alto	6 m
Peso	15 000 kg
Posible hábitat	Zonas semidesérticas
Alimentación	Herbívoro
Vivió...	... a finales del periodo Jurásico, hace unos 156 millones de años, en lo que hoy es Tanzania, en África

Su nombre hace referencia a las espinas que sobresalían de las vértebras del cuello y la espalda, y que tenían la forma de la letra Y. Estas espinas servían como soporte a los fuertes músculos del animal.

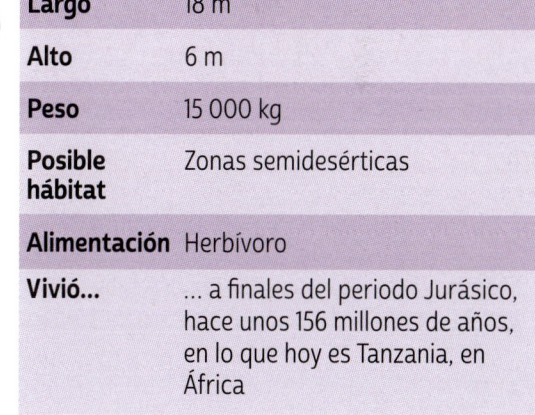

🟪 El cuello de este dinosaurio medía 2,4 m, una longitud relativamente corta si se compara con los 8 m que medía el de su pariente *Diplodocus*.

34 DILOPHOSAURUS
Terrible depredador

Su rasgo más distintivo son las dos crestas en forma de V y con los bordes redondeados que sobresalían de su cabeza. Posiblemente, le sirvieran para exhibirse y llamar la atención de posibles pretendientes.

Largo	7 m
Alto	3 m
Peso	400 kg
Posible hábitat	Bosques y llanuras
Alimentación	Carnívoro
Vivió...	... a principios del periodo Jurásico, hace unos 200 millones de años, en lo que hoy es Norteamérica

Parece que vivía en grupos organizados de forma similar a la de los leones actuales, es decir, con un macho, varias hembras y las crías más jóvenes.

Su tamaño era parecido al de un oso pardo actual.

Los dientes eran finos, pero muy fuertes. Con ellos podían dar una buena dentellada a sus presas.

Las patas delanteras no las usaba para caminar, sino para sujetar a las presas.

La cola era robusta y se apoyaba en ella, además de en sus patas, cuando se paraba a descansar.

El primer dedo de cada mano tenía una garra más grande que las demás.

Las patas traseras eran muy fuertes y terminaban en dedos provistos de garras afiladas.

Cuando descubría una presa, podía alcanzar una velocidad de hasta 38 km/h para perseguirla, pero no podía mantener ese ritmo durante mucho tiempo.

El cráneo del *Dilophosaurus* destaca también por el profundo hueco que presenta en la mandíbula.

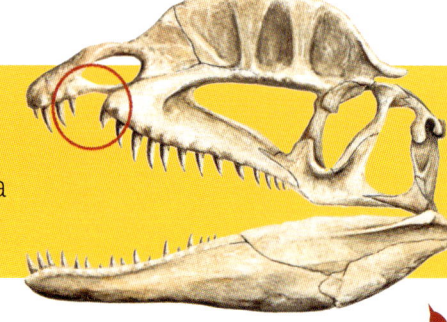

23

Largo	1,5-3 m, según la especie
Alto	1 m, hasta la cadera
Peso	28–250 kg, según la especie
Posible hábitat	Terrenos pantanosos
Alimentación	Carnívoro
Vivió...	... a principios del periodo Pérmico, hace unos 295 millones de años, en lo que hoy es Norteamérica y Europa

35 DIMETRODON
Un superdepredador

Este reptil, 40 millones de años anterior al primer dinosaurio, era un poderoso carnívoro que se alimentaba de otros reptiles, de anfibios y peces. Tenía una cabeza enorme y una boca armada con dos tipos de dientes.

Su rasgo más llamativo es la gran vela en forma de abanico que le recorría el lomo y le servía para regular la temperatura del cuerpo y para atraer a sus admiradores.

36 DIMORPHODON
Excelente pescador

Le gustaban mucho los peces y para capturarlos, descendía velozmente en picado sobre el agua y los atrapaba con sus dientes en forma de gancho.

Largo	1 m
Alto	1,5 m
Peso	2 kg
Posible hábitat	Regiones costeras
Alimentación	Piscívoro
Vivió...	... a principios del periodo Jurásico, hace unos 200 millones de años, en lo que hoy es Norteamérica y Europa

Se trata de un reptil alado y volador, que vivía en bandadas, alimentándose de peces e insectos. Dormía, posiblemente, colgado de las ramas, como lo hacen los murciélagos actuales.

Su cabeza era desproporcionadamente grande y voluminosa y medía la cuarta parte que toda la longitud de su cuerpo.

DIPLODOCUS
Gigante prehistórico

Frente al ataque de los predadores, este gigantesco dinosaurio se defendía moviendo la cola como si se tratase de un látigo, propinando terribles golpes con ella. Si con ello no asustaba a su enemigo, se alzaba sobre sus patas traseras para impulsarse y caer con todo el peso de su cuerpo sobre el atacante.

Tenía dientes muy afilados, pero solo en la parte delantera del hocico.

Su larguísima cola medía unos 14 m de longitud, ¡casi como un edificio de 6 plantas! En cambio, la cabeza era pequeñísima en comparación al tamaño de este coloso: apenas llegaba a los 60 cm de largo.

El cuello tenía una gran longitud y, cuando caminaba, lo llevaba extendido y paralelo al suelo.

Largo	30 m
Alto	6,5 m
Peso	25 000 kg
Posible hábitat	Zonas pantanosas
Alimentación	Herbívoro
Vivió...	... a finales del periodo Jurásico, hace unos 155 millones de años, en la zona oeste de Norteamérica

Las patas eran muy robustas, con las delanteras ligeramente más cortas que las traseras.

Para llegar a las ramas más altas, este dinosaurio se alzaba sobre sus patas traseras y así podía alcanzar los 11 m de altura.

El primer dedo de cada mano contaba con una garra cuya función aún se desconoce.

38 EDAPHOSAURUS
Lagarto terrestre

Largo	3 m
Alto	1,5 m
Peso	270 kg
Posible hábitat	Llanuras y zonas húmedas
Alimentación	Herbívoro
Vivió...	... a finales del Carbonífero y principios del Pérmico, hace unos 300 millones de años, en lo que hoy es Norteamérica y Europa

No es un dinosaurio, pero sí un reptil perteneciente a uno de los grupos a partir de los cuales surgieron los mamíferos. Al igual que su pariente *Dimetrodon*, también tenía una llamativa vela que le recorría el dorso del cuerpo, pero no era tan alta como la de aquel.

■ En las épocas de sequía, debido a la falta de agua, la hembra escondía los huevos entre la vegetación en descomposición de la orilla.

39 EDMONTOSAURUS
Con pico de pato

Su única forma de escapar del ataque de los grandes dinosaurios carnívoros era correr, y vaya si lo hacía. ¡Era tan rápido como el atleta Usain Bolt, el campeón que hasta el momento ha batido todos los récords de velocidad! Teniendo en cuenta el tamaño de este animal, no está nada mal...

Largo	13 m
Alto	3 m
Peso	4 000 kg
Posible hábitat	Llanuras y zonas boscosas
Alimentación	Herbívoro
Vivió...	... a finales del periodo Cretácico, hace unos 73 millones de años, en lo que hoy es Norteamérica

■ Este dinosaurio era tan alto como un elefante macho actual.

■ Su pico tenía una forma muy parecida a la de un pato, pero estaba provisto de casi 700 dientes, que se renovaban a medida que iban desgastando.

ELASMOSAURUS

Gigante del mar

Este animal no fue un dinosaurio, aunque estaba emparentado con el grupo ya que también era un reptil, pero exclusivamente acuático y muy bien adaptado a ese medio, con las extremidades transformadas en aletas nadadoras.

Largo	14 m
Peso	2 000 kg
Posible hábitat	Océanos abiertos
Alimentación	Carnívoro
Vivió...	... a finales del periodo Cretácico, hace unos 80 millones de años, en lo que hoy es el estado de Kansas (Estados Unidos) y en Japón (Asia)

Su técnica para alimentarse consistía en acechar grandes bancos de peces desde abajo. Cuando pasaran por encima, habría levantado su cabeza para atraparlos.

Su larguísimo y fuerte cuello estaba sostenido por 70 vértebras, un número muy superior al de todos los animales conocidos hasta el momento.

La cabeza tenía una forma aplanada y redondeada, terminada en un pico.

Las patas delanteras eran un poco más cortas y delgadas que las traseras.

La cola era larga y estaba aplanada lateralmente.

Largo	5,5 m
Alto	1,2 m
Peso	2 500 kg
Posible hábitat	Zonas abiertas
Alimentación	Herbívoro
Vivió...	... a finales del periodo Cretácico, hace unos 76 millones de años, en lo que hoy es Norteamérica

41 EUOPLOCEPHALUS
Dinosaurio tanque

Si hubiese que elegir al dinosaurio con coraza más inexpugnable, este sería el ganador. Su armadura le protegía desde la cola hasta los ojos, que contaban con unos párpados que se bajaban como una persiana ante la menor señal de peligro.

- Era un animal muy robusto, con un cuerpo que medía 2,5 m de ancho, ¡el equivalente a la altura de una casa de una planta!

- Si un agresor se atrevía a acercarse demasiado, lo ahuyentaba agitando su cola como si fuera un mazo.

42 EUPARQUERIA
Pequeño y ligero

Este es uno de los antepasados de los primeros dinosaurios que dominaron la Tierra. También fue uno de los primeros reptiles en ser capaz de desplazarse sobre las dos patas traseras cuando quería hacerlo con rapidez para huir de algún peligro o para alcanzar a alguna presa.

- Un animal tan pequeño debía tener muchos predadores. Para evitarlos utilizaba dos sistemas: primero correr, pero si eso no daba resultado y no le quedaba otra opción, se defendía con una garra muy afilada que tenía en el dedo pulgar.

Largo	0,70 m
Alto	0,30 m
Peso	9 kg
Posible hábitat	Zonas boscosas
Alimentación	Carnívoro
Vivió...	... a mediados del periodo Triásico, hace unos 247 millones de años, en lo que hoy es Sudáfrica

43 GALLIMIMUS
Parecido a un avestruz

Su nombre significa «similar a una gallina», pero por su tamaño, las proporciones del cuerpo y sus largas patas, sería más exacto compararlo con un avestruz actual.

Tenía un pico sin dientes adaptado para cortar plantas y atrapar pequeñas presas.

Uno de sus rasgos más distintivos era su largo cuello, de forma similar al de un cisne actual.

Largo	6 m
Alto	2,5 m
Peso	440 kg
Posible hábitat	Zonas semiáridas
Alimentación	Con dudas si herbívoro u omnívoro
Vivió...	... a finales del periodo Cretácico, hace unos 70 millones de años, en lo que hoy es Mongolia (Asia)

Sus manos poseían tres dedos que utilizaba para arañar y excavar el terreno.

Su larga cola le servía para mantener el equilibrio al avanzar.

Sus patas tenían los huesos huecos, lo cual le permitía correr muy rápido.

Su cerebro no tenía tantos pliegues como el del *Tyrannosaurus* o el *Triceratops*, lo que significa que sus capacidades cognitivas no eran tan complejas como las de ellos.

44 GARGOYLEOSAURUS

Con un no blindaje

Aunque este dinosaurio estaba cubierto con una coraza de placas de forma oval, parece que esta era más fina y no resultaba tan invulnerable como la de su pariente el *Ankylosaurus*.

Largo	4 m
Alto	1 m
Peso	1 000 kg
Posible hábitat	Zonas arboladas, a menudo cerca de ríos
Alimentación	Herbívoro
Vivió...	... a finales del periodo Jurásico, hace unos 152 millones de años, en lo que hoy es Norteamérica

Cuando sus descubridores vieron su aspecto monstruoso, inmediatamente pensaron en una gárgola y de ahí su nombre.

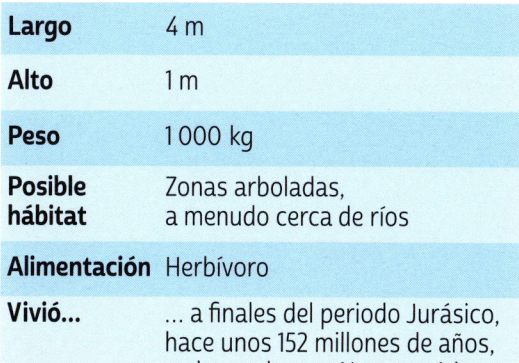

45 GIGANOTOSAURUS

Un carnívoro letal

Largo	13 m
Alto	4,5 m
Peso	8 000 kg
Posible hábitat	Zonas boscosas y llanuras
Alimentación	Carnívoro
Vivió...	... a finales del periodo Cretácico, hace unos 99 millones de años, en lo que hoy es Sudamérica

Aunque todos sus parientes tenían una cabeza de gran tamaño, la de este dinosaurio era enorme: medía más de 1,60 m de largo.

Este dinosaurio fue el depredador más grande de su época y uno de los mayores carnívoros terrestres que haya existido. Rastreaba a las presas con su fino olfato y era imposible escapar de sus enormes fauces.

Largo	9 m
Alto	3,5 m
Peso	2 700 kg
Posible hábitat	Zonas desérticas y llanuras
Alimentación	Herbívoro y, a veces, carnívoro
Vivió...	... a finales del periodo Cretácico, hace unos 83 millones de años, en lo que hoy es Asia

46 GIGANTORAPTOR
Gigante emplumado

🟪 Cada huevo que ponía la hembra era gigantesco: medía lo mismo que la longitud que hay desde la rodilla al pie de una persona adulta.

🟪 Posiblemente tenía plumas en los brazos.

Era el dinosaurio más grande de su familia, aunque, dejando aparte su tamaño, su aspecto era parecido al de sus parientes: cabeza pequeña terminada en pico, cuello largo y garras muy fuertes en las patas traseras.

47 HENODUS
¿A quién me parezco?

Largo	1 m
Alto	20 cm
Peso	7 kg
Posible hábitat	Albuferas y zonas de mar cerca de la costa
Alimentación	Carnívoro
Vivió...	... en el periodo Triásico, hace unos 228 millones de años, en lo que hoy es Alemania

Curioso reptil prehistórico de aspecto semejante a una tortuga y que, al igual que esta, poseía un pico córneo con el que podría arrancar del fondo del mar a sus presas favoritas: ostras, almejas y lapas.

🟩 Parece que podía esconder la cabeza dentro de la concha, igual que lo hacen las tortugas actuales.

🟩 Los dedos terminaban en garras y todos se unían entre sí por una membrana similar a la de los patos.

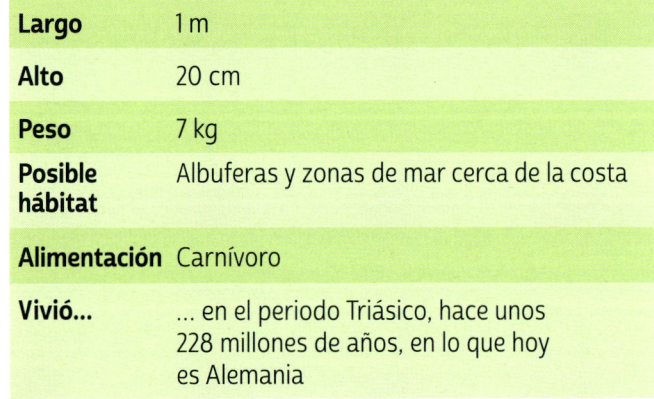

Largo	2 m
Alto	0,6 m
Peso	20 kg
Posible hábitat	Zonas boscosas
Alimentación	Herbívoro
Vivió...	... a principios del periodo Cretácico, hace unos 130 millones de años, en lo que hoy es Europa

HYPSILOPHODON
Pequeño corredor

Sus largas patas traseras, un esqueleto poco pesado y una cola rígida que le permitía mantener muy bien el equilibrio, incluso en los giros más bruscos, le convirtieron en la «gacela» de su época.

■ Parece que podía correr a una velocidad de unos 50 km/h y mantenerla durante bastante tiempo.

■ Le gustaba alimentarse de los brotes y las raíces más tiernas que crecían cerca del suelo, como hacen los ciervos actuales.

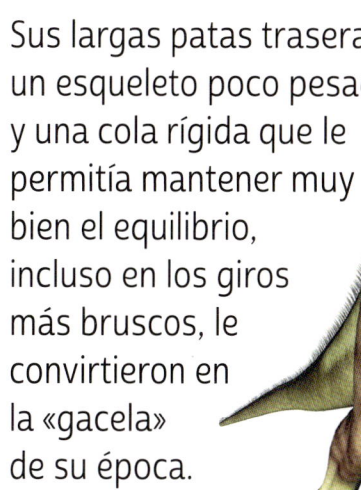

ICHTHYOSAURUS
Con aspecto de delfín

Este reptil marino no está emparentado con los delfines, ya que estos son mamíferos, pero ambos tienen un gran parecido físico.

Largo	2 m
Peso	90 kg
Posible hábitat	Mares
Alimentación	Carnívoro
Vivió...	... de finales del periodo Triásico hasta principios del Jurásico, hace unos 210 millones de años, en lo que hoy es Europa

■ Era un veloz nadador, que podía alcanzar los 45 km/h, y un buceador experto.

■ Detectaba la presencia de las presas con la vista, que era muy buena, y también por las vibraciones que producían al moverse en el agua.

■ A diferencia de otros reptiles, la hembra no iba a tierra para poner los huevos. Daba a luz en el agua a crías completamente formadas.

IGUANODON
Un dino de leyenda

Largo	12 m
Alto	5 m
Peso	4 500 kg
Posible hábitat	Zonas boscosas
Alimentación	Herbívoro
Vivió...	... a principios del Cretácico, hace unos 130 millones de años, distribuido por todo el mundo

Comía vegetales muy duros, que trituraba frotando los dientes de arriba con los de abajo.

Este gran dinosaurio, que se alimentaba de árboles y arbustos en enormes cantidades, poseía unos dientes planos que renovaba constantemente. Para defenderse de sus enemigos utilizaba los pulgares a modo de cuchillo.

El pulgar de cada mano llevaba una gran garra que utilizaba como arma. Y no es para menos, porque medía casi 20 cm, ¡casi como una botella de refresco de 2 litros!

Los dientes eran muy afilados, para clavarlos en sus presas.

La aleta de la cola tenía forma de media luna y le ayudaba a propulsarse en el agua.

El cuerpo tenía forma de torpedo.

La cabeza terminaba en un hocico muy alargado.

33

51 KAPROSUCHUS

El cocodrilo jabalí

El nombre de este cocodrilo prehistórico se debe a que poseía dos colmillos terriblemente largos cuya forma y disposición recuerdan a los de un jabalí actual.

Largo	3 m
Alto	1,5 m
Peso	270 kg
Posible hábitat	Llanuras y zonas húmedas
Alimentación	Herbívoro
Vivió...	... a finales del Carbonífero y principios del Pérmico, hace unos 300 millones de años, en lo que hoy es Norteamérica y Europa

■ Era un experto y feroz cazador. Cuando localizaba una presa, se echaba sobre ella a gran velocidad, le clavaba los colmillos y acababa con ella con un poderoso mordisco de sus enormes mandíbulas.

■ A diferencia de los cocodrilos actuales, las patas eran más largas y le permitían correr por tierra firme a gran velocidad.

52 KENTROSAURUS

Reptil de púas agudas

Este primo africano de *Estegosaurus* no era un dinosaurio indefenso, pues contaba con una armadura de placas y púas que le protegía eficazmente si algún depredador se atrevía a acercarse a él.

■ Se cree que vivía en manadas, que se desplazaban frecuentemente para buscar nuevas plantas con las que alimentarse.

■ Si se sentía en peligro, podía mover la cola armada de un lado a otro, a gran velocidad, cubriendo un arco de 180º.

Largo	5 m
Alto	1,8 m
Peso	1100 kg
Posible hábitat	Zonas con abundante vegetación
Alimentación	Herbívoro
Vivió...	... a finales del periodo Jurásico, hace unos 152 millones de años, en lo que hoy es Tanzania, en África

LAMBEOSAURUS
Con pico de pato

Se diferencia del resto de sus parientes por la presencia en la cabeza de una gran cresta hueca en forma de hacha. Su tamaño variaba dependiendo de la edad del animal y de si era macho o hembra.

Largo	10 m
Alto	2 m
Peso	6 000 kg
Posible hábitat	Bosques de coníferas y praderas de helechos
Alimentación	Herbívoro
Vivió...	... a finales del periodo Cretácico, hace unos 83 millones de años, en lo que hoy es Norteamérica

Su larguísimo y fuerte cuello estaba sostenido por 70 vértebras, un número muy superior al de todos los animales conocidos hasta el momento.

Era un dinosaurio muy veloz, que no dudaba en emprender una vertiginosa carrera si le atacaba un depredador.

Desde el final de la cabeza y a lo largo de toda la espalda sobresalía una doble hilera de placas duras, planas y de forma triangular.

De cada costado del cuerpo emergía una larguísima púa defensiva.

Tenía una cabeza pequeña y alargada, terminada en un pico para cortar los vegetales.

Su cola estaba armada con varios pares de púas muy afiladas.

54 MAIASAURA
Una madre cariñosa

Su nombre significa «lagarto buena madre» y es que fue con esta especie con la que se realizó el importante descubrimiento de que los dinosaurios cuidaban tanto el nido con la puesta de huevos como a las crías recién nacidas, igual que lo hacen las aves actuales.

Largo	11 m
Alto	3 m
Peso	3 000 kg
Posible hábitat	Llanuras
Alimentación	Herbívoro
Vivió...	... a finales del periodo Cretácico, hace unos 80 millones de años, en lo que hoy es el estado de Montana, en Estados Unidos

La cabeza terminaba en un hocico grueso con una estructura similar al pico de un pato.

En la cabeza, sobre la zona de los ojos, sobresalía una cresta dura y puntiaguda con la que golpeaba a otros machos para que no le robasen a su pareja.

La cola era larguísima y muy fuerte.

Vivía en manadas de hasta 10 000 individuos que se desplazaban constantemente en busca de alimento.

Las patas posteriores eran muy robustas y más largas que las anteriores.

Los huevos que ponía este dinosaurio tenían un tamaño similar a los de avestruz.

55 MAMENCHISAURUS

Un cuello interminable

Su aspecto era parecido al de su pariente *Diplodocus*, pero su cuello era muchísimo más largo: es uno de los dinosaurios con la mayor longitud de cuello que se conoce: medía casi 10 m, ¡lo mismo que un edificio de tres plantas!

■ Caminaba con el cuello extendido, casi paralelo al suelo.

■ Sus dientes tenían forma de cincel y los usaba para «pelar» las ramas de los árboles y comer solo las hojas.

Largo	25 m
Alto	11 m
Peso	27 000 kg
Posible hábitat	Zonas boscosas y praderas verdes
Alimentación	Herbívoro
Vivió...	... a finales del periodo Jurásico, hace unos 160 millones de años, en lo que hoy es Mongolia, en Asia.

56 MASSOSPONDYLUS

Dinosaurio africano

■ Cada pie contaba con cinco dedos y el pulgar terminaba en una garra de buen tamaño que le servía para defenderse.

■ Como sus dientes eran muy pequeños y apenas podía masticar las plantas que comía, tragaba piedras para que le ayudasen a triturar mejor el alimento en el estómago.

Largo	6 m
Alto	3 m en posición erguida
Peso	1 000 kg
Posible hábitat	Bosques y praderas
Alimentación	Herbívoro
Vivió...	... a principios del periodo Jurásico, hace unos 200 millones de años, en lo que hoy es África

Su nombre significa «vértebras masivas» y hace referencia a los grandes huesos que sostenían su largo cuello. Fue un dinosaurio muy común en el continente africano y parece que también pudo vivir en Sudamérica.

57 MEGALOSAURUS
Un gran cazador

Largo	9 m
Alto	3 m
Peso	3 000 kg
Posible hábitat	Zonas boscosas
Alimentación	Carnívoro
Vivió...	... a principios del periodo Jurásico, hace unos 165 millones de años, en lo que hoy es Europa y el norte de África

Los dientes eran grandes y con el borde cortante, para desgarrar bien la carne.

Aunque tenía unos brazos cortos, eran muy robustos y le servían para sujetar fuertemente a sus presas mientras les daba terribles dentelladas.

«Lagarto grande», este es el significado del nombre que, con mucho acierto, eligió su descubridor para este enorme dinosaurio cazador, uno de los más eficaces depredadores de su época y el terror de los herbívoros.

58 MESOSAURUS
Carnívoro acuático

Largo	1 m
Peso	34 kg
Posible hábitat	Ríos y lagos
Alimentación	Carnívoro
Vivió...	... a principios del periodo Pérmico, hace unos 299 millones de años, en lo que hoy es Sudamérica, Australia y sur de África

Tenía unas mandíbulas grandes y alargadas, provistas de dientes que se inclinaban hacia fuera, especialmente los de la parte delantera del hocico.

Este pequeño y antiguo reptil estaba perfectamente adaptado para vivir en el agua, con las patas terminadas en manos palmeadas, una cola larga y estrecha y el cuerpo flexible, que oscilaba con movimientos laterales para ayudarle a avanzar.

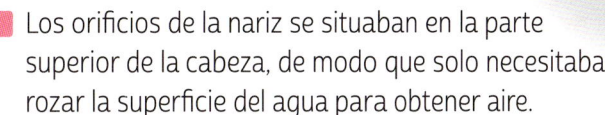

Los orificios de la nariz se situaban en la parte superior de la cabeza, de modo que solo necesitaba rozar la superficie del agua para obtener aire.

59 MICRORAPTOR

Dinosaurio con plumas

Largo	1,2 m
Peso	1 kg
Posible hábitat	Zonas pantanosas
Alimentación	Carnívoro
Vivió...	... a principios del periodo Cretácico, hace unos 125 millones de años, en lo que hoy es Asia

Es uno de los dinosaurios más pequeños que se conoce y uno de los pocos que poseía plumas largas aptas para el vuelo cubriendo los brazos, las patas y la cola. Lo que se desconoce es si volaba agitando las alas o solo planeaba.

Se piensa que la presencia de plumas en las patas le pudo impedir caminar por el suelo y que su vida se desarrollaba en los árboles.

Las plumas de los brazos podían llegar a medir hasta 20 cm de largo.

El nombre de este dinosaurio se tomó de la población portuguesa, cercana a Oporto, donde se encontraron los primeros restos. Pertenece a la misma familia que *Stegosaurus* y, como él, tenía hileras de placas duras y púas sobresalientes para desanimar a sus agresores.

60 MIRAGAIA

Bien armado

Tenía un cuello relativamente largo, que le permitía alcanzar los vegetales que crecían a cierta altura.

Largo	6 m
Alto	2,5 m
Peso	2 000 kg
Posible hábitat	Zonas boscosas y llanuras
Alimentación	Herbívoro
Vivió...	... a finales del periodo Jurásico, hace unos 150 millones de años, en lo que hoy es Portugal

61 MONONYKUS
Garra única

Largo	1 m
Alto	50 cm
Peso	3 kg
Posible hábitat	Zonas abiertas y desérticas
Alimentación	Carnívoro
Vivió...	... a finales del periodo Cretácico, hace unos 80 millones de años, en lo que hoy es el desierto de Gobi, en Mongolia (Asia)

Su nombre hace referencia a que solo tenía un dedo en cada mano, armado con una larga garra, de casi 8 cm de longitud.
Era un animal pequeño y muy ágil, que alcanzaba una gran velocidad de carrera, sin duda una habilidad de gran utilidad para escapar de los predadores.

■ Se alimentaba principalmente de insectos y de animales pequeños, pues ni el tamaño de sus dientes ni de sus mandíbulas le permitían atacar a presas más grandes.

■ Algunos creen que podría haber tenido plumas.

Largo	5 m
Alto	1,6 m
Peso	2 500 kg
Posible hábitat	Praderas
Alimentación	Herbívoro
Vivió...	... a mediados del periodo Pérmico, hace unos 265 millones de años, en lo que hoy es Sudáfrica

62 MOSCHOPS
Con rostro de ternero

■ El cráneo de este reptil estaba muy engrosado, lo que hace pensar en competiciones a base de «cabezazos», como hacen las cabras montesas actuales.

Este dinosaurio vivió a orillas de los ríos sudafricanos, alimentándose de vegetales. Sus andares eran torpes y, a causa de ello, constituía una presa fácil para sus enemigos, entre los que se encontraba *Titanosuchus*, un temible reptil con aspecto de cocodrilo.

Largo	4,5 m
Alto	1,8 m
Peso	1500 kg
Posible hábitat	Llanuras de inundación
Alimentación	Herbívoro
Vivió...	... a finales del periodo Cretácico, hace unos 75 millones de años, en lo que hoy es Norteamérica

63 NASUTOCERATOPS
Dino narigudo

Su nombre significa «cara con cuernos y gran nariz», lo que le define perfectamente: un hocico grueso y dos largos cuernos, dirigidos hacia arriba y situados sobre los ojos, que se extendían casi hasta el extremo del hocico.

Sus dientes eran como cuchillas y le permitían devorar hasta las plantas más duras.

64 NOTHOSAURUS
Buen nadador

Se alimentaba principalmente de peces, que capturaba con sus mandíbulas estrechas armadas de dientes tan afilados como cuchillos.

Largo	7 m
Peso	150 kg
Posible hábitat	Mares
Alimentación	Carnívoro
Vivió...	... en el periodo Triásico, hace unos 240 millones de años, en lo que hoy es Europa, Asia y el norte de África

Su nombre significa «falso lagarto»: este enorme reptil marino no era ni un lagarto ni un dinosaurio. Su cuerpo estaba perfectamente adaptado para moverse por el agua: tenía una forma hidrodinámica y las patas terminaban en pies palmeados.

Cuando se desplazaba a tierra, solo para tumbarse al sol, se movía torpemente, de forma similar a como lo hacen los leones marinos actuales.

Su forma de vida era similar a la de las focas actuales.

Si hay un rasgo que diferencia claramente a este dinosaurio de sus primos más cercanos es su larguísimo cuello, que medía alrededor de 9 m de longitud, casi lo mismo que una cancha de squash o una red de vóley playa.

65 OMEISAURUS
Un cuello sin fin

Largo	20 m
Peso	10 000 kg
Posible hábitat	Zonas boscosas y praderas
Alimentación	Herbívoro
Vivió...	... a mediados del periodo Jurásico, hace unos 163 millones de años, en lo que hoy es Asia

- Vivía formando grandes manadas con otros dinosaurios herbívoros.

- Contaba con unos 60 dientes de borde biselado que le permitían arrancar fácilmente las plantas de las que se alimentaba.

66 ORNITHOMIMUS
Rápido corredor

Largo	3,8 m
Alto	2 m
Peso	270 kg
Posible hábitat	Bosques
Alimentación	Omnívoro
Vivió...	... a finales del periodo Cretácico, hace unos 70 millones de años, en lo que hoy es Norteamérica

Este dinosaurio era bastante ágil y veloz en la carrera, aunque esas buenas cualidades no le libraban de convertirse de vez en cuando en una rica presa para otros carnívoros de mayor envergadura, como *Tyrannosaurus*.

- La cabeza era similar a la de un ave, con pico y sin dientes.

- Su aspecto general recuerda a un avestruz actual y la conformación de las manos a la de un perezoso. ¡Sorprendente combinación!

ORNITHOSUCHUS

67

El cocodrilo pájaro

Largo	4 m
Alto	1 m
Peso	350 kg
Posible hábitat	Zonas boscosas
Alimentación	Carnívoro
Vivió...	... a finales del periodo Triásico, hace unos 230 millones de años, en lo que hoy es la región de Escocia

Este reptil primitivo, con ese curioso nombre de «cocodrilo pájaro», en realidad está más emparentado con los cocodrilos que con los dinosaurios, aunque también tiene rasgos de estos, como la capacidad de caminar apoyándose solo sobre las patas traseras.

■ Sus características corporales denotan que fue un gran y eficaz cazador.

■ Se piensa que adoptaba una postura bípeda solo si necesitaba echar a correr.

Largo	8,5 m
Alto	3 m
Peso	4 000 kg
Posible hábitat	Llanuras encharcadas
Alimentación	Herbívoro
Vivió...	... a mediados del periodo Cretácico, hace unos 110 millones de años, en lo que hoy es África

OURANOSAURUS

68

Reptil valiente

■ Caminaba apoyando las cuatro patas, pero cuando tocaba correr, lo hacía solo sobre las traseras.

Si hay una característica que ayuda a distinguir fácilmente a este dinosaurio es la cresta, similar a una vela, que recorre toda la espalda y parte de la cola, y que podría haber utilizado para regular la temperatura de su cuerpo.

■ La cabeza terminaba en un pico ancho, plano y sin dientes, con el que arrancaba las plantas. Después las masticaba con la batería de dientes de la parte posterior de su boca.

Largo	1,8 m
Alto	0,7 m
Peso	25 kg
Posible hábitat	Zonas semiáridas
Alimentación	Carnívoro
Vivió...	... a finales del periodo Cretácico, hace unos 75 millones de años, en lo que hoy es Mongolia, en Asia

69 OVIRAPTOR
Ladrón de huevos

A pesar de su nombre, no se tienen pruebas de que este dinosaurio robara huevos para alimentarse. La confusión pudo deberse a que sus restos se descubrieron cerca de un nido con huevos, pero después se ha sabido que era su propio nido.

■ Pudo haber tenido una cresta dura similar a la de los casuarios actuales.

■ Lo más probable es que se alimentase de ostras, almejas, mejillones y otros bivalvos.

70 PACHYCEPHALOSAURUS
Reptil de cabeza gruesa

Su nombre no podía ser otro, ya que si algo distinguía a este dinosaurio era el gran abultamiento que sobresalía en su cabeza, rodeado de una orla de púas y nódulos que también se proyectaban hacia afuera.

Largo	5 m
Alto	1,8 m
Peso	1 000 kg
Posible hábitat	Praderas y zonas boscosas
Alimentación	Omnívoro
Vivió...	... a finales del periodo Cretácico, hace unos 70 millones de años, en lo que hoy es Norteamérica

■ Parece que se defendía embistiendo a sus rivales con el gran abultamiento del cráneo, aunque no golpeando de frente, sino de costado.

■ Los dientes eran tan pequeños que solo le permitían alimentarse con vegetales tiernitos, insectos y animales muy pequeños.

PACHYRHINOSAURUS
Con una gran nariz

Su nombre significa «lagarto de nariz gruesa» porque esta estructura tenía un gran desarrollo y estaba coronada por una enorme protuberancia aplanada que utilizaba en los combates, como hacen los bueyes almizcleros actuales.

Largo	8 m
Alto	2,6 m
Peso	4 000 kg
Posible hábitat	Llanuras cercanas a ríos y lagos
Alimentación	Herbívoro
Vivió...	... a finales del periodo Cretácico, hace unos 88 millones de años, en lo que hoy es Norteamérica

A pesar de su tamaño y peso, podía correr a unos 32 km/h.

Contaba con dientes fuertes en las mejillas que le ayudaban a triturar las plantas que comía.

Era uno de los dinosaurios más famosos por la cúpula extra gruesa de la parte superior de su cráneo, de casi 25 cm de espesor.

La cola era larga y gruesa, y la mantenía siempre rígida.

La cabeza terminaba en un hocico pequeño y corto, con un pico pronunciado.

Los brazos eran muy cortos, y las patas traseras largas y robustas.

PARASAUROLOPHUS

Dinosaurio con cresta

Largo	10 m
Alto	2,8 m
Peso	5 000 kg
Posible hábitat	Llanuras cercanas a ríos y lagos
Alimentación	Herbívoro
Vivió...	... a finales del periodo Cretácico, hace unos 83 millones de años, en lo que hoy es Norteamérica

Sin duda, lo que hace inconfundible a este dinosaurio es la presencia en la cabeza de una gran cresta hueca con forma de tubo, que le servía como amplificador cuando emitía unos sonidos muy característicos, similares a las notas de un trombón.

El hueso más largo de la pierna, el fémur, llegaba a medir 1 m, que es la longitud del bate de béisbol más largo.

La cola era larga y estaba aplanada lateralmente.

Las patas traseras eran más largas y robustas que las delanteras.

La boca terminaba en un pico sin dientes. Estos se disponían al fondo formando columnas.

En la columna vertebral tenía una hendidura que le servía para apoyar la cresta.

Parece que caminaba apoyando el peso del cuerpo solo en las dos patas traseras, pero cuando se paraba a buscar alimento, lo hacía sobre las cuatro.

Largo	8 m
Alto	2,7 m
Peso	5 000 kg
Posible hábitat	Zonas boscosas
Alimentación	Herbívoro
Vivió...	... a finales del periodo Cretácico, hace unos 75 millones de años, en lo que hoy es Norteamérica

73 PENTACERATOPS

Con cinco cuernos

Su nombre hace referencia al número de cuernos que adornaban su cabeza.

■ El volante que le protegía el cuello era grande, estaba inclinado hacia arriba y tenía forma de «U» en el remate superior.

■ En el volante, dos cuernos largos; en la frente, otros dos también muy largos y curvados hacia delante; y en la nariz, uno pequeño que apuntaba hacia arriba y hacia atrás.

■ El *Pentaceratops* tenía uno de los cráneos de mayor tamaño de cualquier animal terrestre.

74 PINACOSAURUS

Con escudo protector

Su nombre significa «lagarto de placas» y hace referencia a las placas de hueso, similares a tejas, que recubrían su cabeza. Esa protección se completaba con una armadura que recubría el cuello, la espalda y la cola, y que era más ligera que la de otros dinosaurios con coraza.

Largo	5 m
Alto	1,6 m
Peso	3 000 kg
Posible hábitat	Zonas desérticas
Alimentación	Herbívoro
Vivió...	... a finales del periodo Cretácico, hace unos 80 millones de años, en lo que hoy es Asia

■ Los dientes eran pequeños, de forma curvada y muy finos.

■ El extremo final de la cola terminaba en una gruesa maza que agitaba para defenderse.

Largo	10 m
Alto	4 m
Peso	4 000 kg
Posible hábitat	Zonas boscosas
Alimentación	Herbívoro
Vivió...	... en el periodo Triásico, hace unos 214 millones de años, en lo que hoy es Europa

75 PLATEOSAURUS
Animal corredor

Destaca por su cabeza pequeña en relación a su tamaño total, un cuello muy flexible, un cuerpo robusto y una cola larga y musculosa, con gran movilidad.

Parece que era un dinosaurio que mantenía su actividad tanto por el día como en la noche, pero evitaba las horas centrales de más calor.

Los dientes tenían una forma adecuada para triturar las plantas de las que se alimentaba.

Los brazos eran cortos, pero con manos bien adaptadas para defenderse y alimentarse, y las piernas largas.

76 PLESIOSAURUS
Animal marino

Este reptil, al igual que *Ichthyosaurus*, había regresado a la vida en el mar. No era un nadador muy veloz, pero a pesar de ello conseguía atrapar muchas presas gracias a la gran movilidad de su cuello.

Largo	5 m
Alto	1,6 m
Peso	1 200 kg
Posible hábitat	Mares
Alimentación	Piscívoro
Vivió...	... a principios del periodo Jurásico, hace unos 200 millones de años, en lo que hoy es Sudamérica y Europa

Las patas estaban transformadas en aletas de forma alargada y estrecha.

Contaba con unas enormes mandíbulas armadas de multitud de dientes finos que se clavaban en la presa como si fueran arpones.

77 PLIOSAURUS
Depredador gigante

Largo	13 m
Alto	3,5 m
Peso	15 000 kg
Posible hábitat	Mares
Alimentación	Carnívoro
Vivió...	... a finales del periodo Jurásico, hace unos 155 millones de años, en lo que hoy es Europa y Sudamérica

Este gigantesco reptil está considerado uno de los animales más peligrosos que han poblado los mares. La presión de su mordida era cuatro veces superior a la de *Tyrannosaurus* y diez veces más fuerte que la de cualquier animal que exista en la actualidad.

Parece que nadaba moviendo solo las dos aletas delanteras. Las posteriores las ponía en funcionamiento cuando tenía que avanzar más rápido para perseguir a una presa.

Podía detectar a sus presas a gran distancia, pues poseía muy buen olfato.

Largo	5 m
Alto	1 m
Peso	2 000 kg
Posible hábitat	Zonas boscosas
Alimentación	Herbívoro
Vivió...	... a principios del periodo Cretácico, hace unos 130 millones de años, en lo que hoy es Europa

Parece que vivía formando grandes manadas en las que habitualmente se integraban ejemplares de *Iguanodon*.

La cabeza terminaba en un pico córneo con el que desmenuzaba las plantas.

78 POLACANTHUS
Con muchas púas

Se trata de un dinosaurio muy robusto y pesado, con la parte superior del cuerpo protegida por una gruesa coraza, de la que sobresalía una fila de púas por cada lado y que se extendía hasta la cola. Además, contaba con una capa extra de púas sobre los hombros.

Largo	2 m
Alto	0,6 m, hasta el hombro
Peso	80 kg
Posible hábitat	Zonas semiáridas
Alimentación	Herbívoro
Vivió...	... a finales del periodo Cretácico, hace unos 75 millones de años, en lo que hoy es Mongolia, en Asia

PROTOCERATOPS
Con aspecto atemorizante

Este pequeño dinosaurio, de tamaño similar al de una oveja, tiene dos rasgos muy característicos: una gola ancha, dura y bien desarrollada en la parte posterior de la cabeza, y dos grandes protuberancias que sobresalen en la zona de las mejillas.

- La cabeza, que era enorme, terminaba en un pico muy fuerte y afilado, provisto de hileras de dientes.

- Las crías, al nacer, medían unos 30 cm de longitud y sus padres las cuidaban hasta que podían alimentarse por sí solas.

PROTOSUCHUS
El primer cocodrilo

Largo	1 m
Alto	0,2 m
Peso	40 kg
Posible hábitat	Ríos y pantanos
Alimentación	Carnívoro
Vivió...	... a principios del periodo Jurásico, hace unos 200 millones de años, en todo el mundo

Este animal es el antepasado de los cocodrilos que mejor se conoce. Era tan buen corredor como nadador, lo que le permitía alimentarse tanto de peces como de otros reptiles y de mamíferos que se acercaban al agua a beber.

- Sus patas traseras eran mucho más largas que las delanteras, lo que significa que desciende de un animal bípedo.

- Su cola era muy robusta y le servía para propulsarse dentro del agua.

81 PSITTACOSAURUS
Con pico de loro

Largo	2,5 m
Alto	0,5 m
Peso	30 kg
Posible hábitat	Bosques y llanuras
Alimentación	Herbívoro
Vivió...	... desde principios hasta mediados del periodo Cretácico, hace unos 130 millones de años, en lo que hoy es Asia

Sin duda, se trata de un dinosaurio de apariencia muy singular, con la cabeza de forma cuadrada, boca terminada en un pico, placas cubriendo el cuerpo, largas cerdas en la cola y unas robustas patas traseras que le convertían en un animal muy ágil y veloz.

- Su cola y su espalda estaban recubiertas de unas cerdas tubulares y huecas, a modo de cola de pavo real.

- Este dinosaurio no era muy grande: tenía un tamaño muy parecido al de una gacela actual.

La boca terminaba en un pico sin dientes, similar al de un loro.

Las patas terminaban en cuatro dedos.

- Es uno de los dinosaurios más conocidos porque se han encontrado fósiles de más de 400 individuos desde crías hasta adultos.

Tenía un par de pequeños cuernos sobresalientes en las mejillas.

82 PTERANODON
Coloso aéreo

Este animal es el mayor reptil volador de todos los tiempos. Con su afilado pico de casi 1 m de largo ensartaba los peces que saltaban fuera del agua. Pero en tierra resultaba muy torpe, porque sus patas eran demasiado débiles para sostener el peso de su cuerpo.

El rasgo más característico de este animal era la enorme cresta triangular que coronaba su cabeza y que era más grande en los machos que en las hembras.

Largo	7 m (macho) y 4 m (hembra)
Peso	30 kg
Posible hábitat	Zonas costeras y acantilados
Alimentación	Carnívoro
Vivió...	... a finales del periodo Cretácico, hace unos 85 millones de años, en lo que hoy es Norteamérica

Sus alas eran de piel muy fina, similares a las de los actuales murciélagos, pero con la forma del ala de un ave.

Para alzar el vuelo desde el suelo se apoyaba en las patas y daba un salto hacia arriba impulsándose con sus enormes alas.

83 PTERODACTYLUS
Dedo alado

Hasta su descubrimiento, no se pensó que pudieran existir reptiles voladores. Su nombre significa «dedo alado» y es que las alas están sostenidas por el cuarto dedo de cada mano, que se encontraba muy desarrollado.

Largo	1,5 m
Peso	4,5 kg
Posible hábitat	Zonas costeras y acantilados
Alimentación	Carnívoro
Vivió...	... a finales del periodo Jurásico, hace unos 158 millones de años, en lo que hoy es Europa y África

Tenía un pico recto armado con 90 dientes que iban disminuyendo de tamaño hacia el interior de la boca.

En la parte inferior del pico tenía un saco o bolsa de piel extensible, como la de los pelícanos actuales.

84 # QUETZALCOATLUS
Un gigante con alas

Envergadura	11 m
Peso	250 kg
Posible hábitat	Llanuras semiáridas interiores
Alimentación	Carnívoro
Vivió...	... a finales del periodo Cretácico, hace unos 68 millones de años, en lo que hoy es Norteamérica

Su nombre está inspirado en el de la principal deidad de la cultura azteca, el dios Quetzalcóalt, conocido también como la «serpiente emplumada». Y es que este reptil volador también debió de ser el rey de los cielos en su época.

◼ Fue el animal más grande que ha volado en el planeta, del tamaño de un pequeño avión.

◼ Tenía un pico muy agudo, afilado y sin dientes. Su cuello era flexible e inusualmente largo.

◼ Se cree que este reptil era un depredador terrestre que, al igual que las cigüeñas actuales, se alimentaba de los pequeños vertebrados que cazaba.

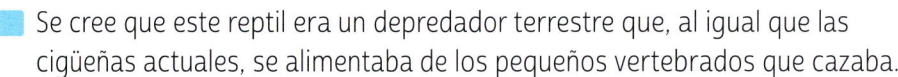

La cabeza era muy alargada y estrecha.

La cresta no era muy grande y estaba formada por tejidos blandos.

◼ Para alimentarse cazaba peces, aunque es posible que se alimentara de otros animales terrestres de tamaño reducido.

El cuello estaba cubierto por unas estructuras similares a cerdas.

◼ La cresta solo se ha encontrado en ejemplares adultos, lo que sugiere que se desarrollaba cuando el animal alcanzaba la madurez.

Las alas estaban formadas por piel y algunas fibras de colágeno y queratina.

SAICHANIA

85

Poderoso acorazado

En el caso de este dinosaurio la armadura protectora también se extendía por la zona ventral, un hecho inusual pero que le proporcionaba una protección sin límites.

■ Era un animal excepcionalmente robusto, con cuatro patas cortas y muy fuertes, especialmente las delanteras.

Largo	6,5 m
Alto	2,5 m
Peso	2 000 kg
Posible hábitat	Ambientes áridos y calurosos
Alimentación	Herbívoro
Vivió...	... a finales del periodo Cretácico, hace unos 75 millones de años, en lo que hoy es Asia

SALTASAURUS

86

Con la espalda blindada

Largo	66 m
Alto	3,5 m
Peso	7 000 kg
Posible hábitat	Zonas semiáridas
Alimentación	Herbívoro
Vivió...	... a mediados del periodo Pérmico, hace unos 265 millones de años, en lo que hoy es Sudáfrica

■ La hembra ponía unos 25 huevos por nidada, que depositaba en agujeros que ella misma cavaba con las patas y después tapaba con tierra o plantas.

■ Los dientes tenían forma de cuchara.

Este dinosaurio era más «bajito» que muchos de sus primos, como *Diplodocus*. Como no era buen corredor, para protegerse de los depredadores vivía formando grandes manadas que se defendían utilizando la cola a modo de látigo para mantener alejado el peligro.

Largo	11,5 m
Peso	10 000 kg
Posible hábitat	Zonas próximas a ríos y lagos
Alimentación	Carnívoro
Vivió...	... desde principios hasta mediados del periodo Cretácico, hace unos 110 millones de años, en lo que hoy es África y Sudamérica

87 SARCOSUCHUS

Cocodrilo terrorífico

Este reptil es el cocodrilo más grande que se ha descubierto hasta la actualidad. La forma del cuerpo era similar a la del gavial actual, pero con las patas proporcionalmente muy cortas y con una cabeza enorme, que podía medir hasta 1,80 m de largo.

■ Era un animal que vivía muchos años y crecía lentamente, de modo que no alcanzaba su tamaño máximo hasta los 60 años de edad.

■ Las mandíbulas eran tan enormes que dentro podía caber una persona de tamaño medio.

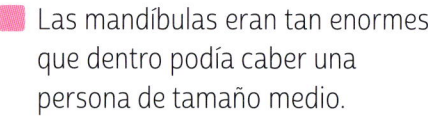

88 SAUROCTONUS

Cazador infalible

Su nombre significa «asesino de lagartos» y es que este temible reptil depredador era un gran cazador que poseía unos poderosos colmillos, muy parecidos a los de los felinos diente de sable, con los que desgarraba a sus presas. Su aspecto general era muy similar al de *Dimetrodon*.

■ Las patas eran largas y terminaban en garras similares a las de los osos actuales.

■ No necesitaba una mordida muy fuerte para matar a sus presas, ya que le bastaba con clavarles en el cuello sus temibles colmillos.

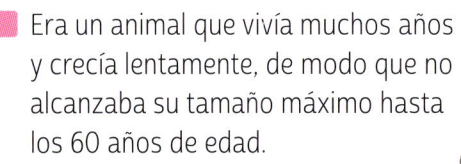

Largo	3 m
Alto	0,8 m
Peso	120 kg
Posible hábitat	Zonas áridas
Alimentación	Carnívoro
Vivió...	... a mediados del periodo Pérmico, hace unos 250 millones de años, en lo que hoy es Sudáfrica y Rusia

Largo	5 m
Alto	1,5 m
Peso	1 500 kg
Posible hábitat	Praderas abiertas
Alimentación	Herbívoro
Vivió...	... a mediados del periodo Cretácico, hace unos 108 millones de años, en lo que hoy es Norteamérica

SAUROPELTA
Con buenas defensas

🟥 La cola era muy larga y suponía casi la mitad de la longitud total del animal.

🟥 Su cuerpo era tan largo como el de un elefante asiático actual.

Además de la coraza dura que protegía su cuerpo, este dinosaurio contaba también con una fila de espinas larguísimas que se proyectaban hacia fuera y hacia atrás en la zona de los hombros y otras algo más pequeñas que se extendían hasta las caderas.

90

SHUNOSAURUS
De cuello «corto»

Decir que este dinosaurio tenía el cuello corto puede parecer una inexactitud, pero si se compara con el de sus parientes, como por ejemplo *Mamenchisaurus*, cuyo cuello era tan largo como este dinosaurio completo, se entenderá la afirmación.

🟪 Las mandíbulas estaban dispuestas de tal forma que actuaban como unas tijeras de podar cuando se trataba de arrancar plantas para alimentarse.

Largo	9,5 m
Alto	4 m, a la cadera
Peso	3 000 kg
Posible hábitat	Zonas boscosas
Alimentación	Herbívoro
Vivió...	... desde mediados a finales del periodo Jurásico, hace unos 165 millones de años, en lo que hoy es Asia

🟪 La cola terminaba en una especie de garrote armado con dos picos duros que usaba para ahuyentar a sus atacantes.

91 SPINOSAURUS
Lagarto con espinas

Aunque no sea tan famoso como *Tyrannosaurus*, este dinosaurio era tan espectacular y aterrador como él e, incluso, más grande. Su rasgo más característico era la enorme vela que se elevaba sobre su lomo.

Largo	18 m
Alto	5,5 m
Peso	12 000 kg
Posible hábitat	Zonas costeras pantanosas y humedales
Alimentación	Carnívoro
Vivió...	... a mediados del periodo Cretácico, hace unos 112 millones de años, en lo que hoy es África

La cabeza era larga y estrecha, terminada en un hocico similar al de los cocodrilos.

La vela podía alcanzar los 2 m de altura.

Esta enorme vela dorsal posiblemente le servía para regular su temperatura.

La cola era larga y estrecha.

Sus dientes eran rectos y muy afilados. Tenía 38 en la mandíbula superior y 30 en la inferior. Por su forma, no eran muy útiles para masticar, por lo que probablemente engullía a sus victimas enteras, como los cocodrilos actuales.

Tanto las manos como los pies acababan en tres dedos provistos de fuertes garras.

■ No hay dudas sobre su dieta carnívora y se cree que estaba integrada tanto por animales terrestres como acuáticos, dada la forma de su hocico y el hábitat que ocupaba.

■ Este enorme carnívoro tenía la longitud de dos elefantes o un remolque de camión, y el peso de tres automóviles.

STEGOSAURUS
Un extraño coloso

92

Desde el punto de vista de la defensa, este dinosaurio era un auténtico rival para cualquier depredador: contaba con una coraza de placas óseas por el cuerpo y una cola armada con enormes agujas que movía para golpear a su agresor. Por supuesto, no era veloz en la huida, ¿pero acaso lo necesitaba?

Largo	12 m
Alto	4 m
Peso	5 000 kg
Posible hábitat	Bosques y zonas semiáridas
Alimentación	Herbívoro
Vivió...	... a finales del periodo Jurásico, hace unos 156 millones de años, en lo que hoy es el oeste de Norteamérica y Portugal, en Europa

Unas enormes placas, de gran dureza, se elevaban verticalmente sobre su lomo, desde la cabeza hasta la cola.

La cola iba provista de parejas de púas y cada una de ellas podía llegar a medir hasta 1 m, que es aproximadamente la longitud que tiene una guitarra.

La cabeza era muy pequeña y estrecha, y encerraba un cerebro diminuto, quizá el más reducido de todos los dinosaurios: tenía el tamaño de una nuez.

La cola era pesada y robusta.

Las mandíbulas terminaban en un pico córneo.

Las patas traseras eran el doble de largas que las delanteras y terminaban en tres dedos cortos.

Las patas delanteras terminaban en cinco dedos.

A pesar de su temible aspecto, solo era un pacífico dinosaurio que comía vegetación baja. Quizá se elevara sobre sus patas traseras para comer las hojas más altas.

Largo	4 m
Alto	1,4 m
Peso	150 kg
Posible hábitat	Bosques
Alimentación	Herbívoro u omnívoro
Vivió...	... a finales del periodo Cretácico, hace unos 76 millones de años, en lo que hoy es Norteamérica

93 STRUTHIOMIMUS
El dinosaurio avestruz

Como bien indica su nombre, su aspecto recordaba al de un avestruz actual y, al igual que esta ave, era un veloz corredor que podía llegar a alcanzar una velocidad de hasta 80 km/h. Esa rapidez convertía a este dinosaurio en una presa difícil de alcanzar.

Las patas traseras eran robustas y estaban diseñadas para correr, mientras que las delanteras eran más cortas y posiblemente llevaban plumas.

Las manos contaban con tres garras que le podrían haber servido para agarrar ramas, vegetales y quizá también para desgarrar pequeños animales.

Comía insectos y pequeños animales terrestres, como lagartos. También huevos y crías de otros dinosaurios.

94 STYRACOSAURUS
Un falso rinoceronte

Largo	6 m
Alto	2 m
Peso	3 000 kg
Posible hábitat	Bosques y zonas de llanura
Alimentación	Herbívoro
Vivió...	... a finales del periodo Cretácico, hace unos 75 millones de años, en lo que hoy es Norteamérica

La forma de su cuerpo y su peso recuerdan al de un rinoceronte blanco actual, aunque este dinosaurio era muchísimo más grande. Y si su tamaño y apariencia no asustaban a su agresor, contaba con otra arma secreta: ¡un rugido pavoroso!

La gola que rodeaba la nuca estaba rematada por entre 4 y 6 púas largas, de unos 50 cm de longitud.

Tenía un gran cuerno nasal con el que embestía a sus agresores del mismo modo que lo hacen los rinocerontes actuales.

95 SUCHOMIMUS
Fiero y aterrador

Largo	11 m
Alto	3 m
Peso	5 000 kg
Posible hábitat	Zonas de abundante vegetación y cercanas a ríos
Alimentación	Carnívoro
Vivió...	... a mediados del periodo Cretácico, hace unos 125 millones de años, en lo que hoy es el desierto del Sahara

En el caso de este dinosaurio, las apariencias no engañan: era tan feroz y terrible como prometía su aspecto. Si algo llama la atención es que su apariencia recordaba más a la de un cocodrilo que a la de otros dinosaurios carnívoros de la época.

■ La cabeza tenía una forma alargada, muy parecida a la de los cocodrilos actuales, y su boca iba armada con unos 100 dientes puntiagudos y afilados.

■ Este espectacular dinosaurio no solo tenía un aspecto feroz, sino que también lo era.

Su enorme boca le hizo ser uno de los dinosaurios dominantes de su época y habría tenido el control de toda su zona.

Los brazos eran robustos y terminaban en manos con una garra curvada muy desarrollada en el pulgar.

Suchomimus podría haber cazado los peces de los pantanos que había en lo que hoy es el Sahara, vadeando las aguas para atraparlos con sus garras.

Largo	12 m
Alto	3 m, a la cadera
Peso	5 000 kg
Posible hábitat	Terrenos aluviales surcados de ríos
Alimentación	Carnívoro
Vivió...	... a finales del periodo Cretácico, hace unos 70 millones de años, en lo que hoy es Asia

96 TARBOSAURUS
Un dinosaurio terrorífico

Su nombre significa «reptil alarmante» y esa denominación dice mucho de su aspecto, ya que se trata de un tiranosáurido enorme y pesado, que sin duda sembró el terror en su época al ser uno de los mayores superdepredadores de su hábitat.

■ Sus mandíbulas estaban armadas con entre 60 y 64 dientes, algo más pequeños que los de *Tyrannosaurus*, pero igual de efectivos.

97 TERATOSAURUS
Reptil monstruoso

Largo	6 m
Peso	700 kg
Posible hábitat	Llanuras y zonas semiáridas
Alimentación	Carnívoro
Vivió...	... a finales del periodo Triásico, hace unos 216 millones de años, en lo que hoy es Alemania y Polonia, en Europa

Se trataba de un gran dinosaurio carnívoro, muy primitivo, de cuerpo voluminoso y que caminaba sobre las dos patas traseras. Estas eran fuertes y terminaban en tres dedos provistos de enormes garras.

■ Los brazos eran más cortos que las piernas, pero también fuertes y terminados en dedos con uñas curvas cuya función era sujetar a sus víctimas.

■ Tenía numerosos dientes, enormes, curvos y afilados, que llegaban a medir hasta 5 cm de largo.

Largo	9 m
Alto	3 m
Peso	10 000 kg
Posible hábitat	Zonas boscosas
Alimentación	Herbívoro
Vivió...	... a finales del periodo Cretácico, hace unos 70 millones de años, en lo que hoy es el oeste de Estados Unidos

98 TRICERATOPS
Dino con tres cuernos

■ Lo más probable era que viviera en manadas, como el resto de grandes herbívoros, para protegerse de los depredadores.

■ Pesaba lo mismo que un elefante africano actual.

Este inconfundible dinosaurio se distingue por la enorme y dura gola de hueso que rodeaba su cabeza y que, a pesar de no estar tan desarrollada como en sus primos de la misma familia, servía para impresionar a sus atacantes.

99 TROODON
¿El más inteligente?

Sin duda se trata de un dinosaurio de aspecto singular: con mandíbulas largas y dientes afilados, dedos con garras y unos enormes ojos que le permitían una magnífica visión nocturna.

■ Los dedos acababan en enormes garras en forma de hoz, siendo retraíble la del segundo dedo del pie, para poder mantenerla levantada durante la carrera.

El cerebro era grande y con muchas circunvoluciones, lo que es sinónimo de inteligencia.

■ La gran longitud de sus brazos y sus piernas hace pensar que era un animal muy veloz.

Largo	2,5 m
Alto	0,90 m
Peso	50 kg
Posible hábitat	Bosques y llanuras
Alimentación	Carnívoro
Vivió...	... a finales del periodo Cretácico, hace unos 75 millones de años, en lo que hoy es Norteamérica y Asia

100 # TYRANNOSAURUS
El rey de los dinosaurios

Largo	15 m
Alto	4 m, a la cadera
Peso	8 000 kg
Posible hábitat	Zonas boscosas y llanuras
Alimentación	Carnívoro
Vivió...	... a finales del periodo Cretácico, hace unos 70 millones de años, en lo que hoy es Mongolia (Asia)

¡No hay quien no conozca a este fabuloso animal! Es el mayor carnívoro terrestre que haya caminado jamás por la superficie de este planeta ...

■ Un estudio ha revelado que 2500 millones de *Tyrannosaurus* se pasearon por la Tierra durante los dos millones y medio de años que duró su reinado.

■ Tenía la mordida más poderosa que haya tenido ser alguno sobre la Tierra. Un ejemplar adulto podría tener diez veces la fuerza en sus fauces de las que tiene un cocodrilo actual.

■ Era un cazador muy activo, que empleaba una técnica similar a la de los tigres para sorprender y abatir a sus víctimas.

Las patas traseras eran muy fuertes, pero, dado el enorme peso del animal, no se puede decir que fuese muy veloz, aunque en una persecución podía alcanzar los 40 km/h. ¡Un récord para alguien tan voluminoso!

Su boca contaba con muchísimos dientes, muy afilados y de hasta 20 cm de largo.

Un cuello corto y musculoso sostenía una enorme cabeza.

Sus brazos eran tan cortos que no podían tocarse entre sí ni alcanzar la boca. Su movilidad era muy limitada, pero terminaban en garras afiladas.

■ Un ejemplar adulto ejercía una presión atroz con sus mandíbulas: ¡unos 3 500 kg! Esa presión equivalía al peso de tres coches o de 13 pianos al mismo tiempo.

101 VELOCIRAPTOR
Un cazador infalible

Largo	1,8 m
Alto	0,5 m, a la cadera
Peso	15 kg
Posible hábitat	Zonas semiáridas
Alimentación	Carnívoro
Vivió...	... a finales del periodo Cretácico, hace unos 75 millones de años, en lo que hoy es Mongolia, en Asia

Antes de su descubrimiento, en 1923, los científicos creían que los dinosaurios eran criaturas lentas y no muy inteligentes, pero... ¡el *Velociraptor* acabó con esas falsas ideas!

El hocico era alargado y chato y estaba armado con multitud de dientes hechos para desgarrar la carne.

Sus ojos estaban orientados hacia delante y tenía una vista excelente, que incluso le servía para cazar por la noche.

La cola era como una barra rígida que le ayudaba a mantener el equilibrio cuando corría tras una presa, a velocidades que podían alcanzar los 40 km/h.

El velociraptor era un feroz depredador que se alimentaba de todo tipo de animales.

Los brazos terminaban en dedos largos con los que sujetaba a sus presas.

La gran garra de su pie era retráctil para que no se desgastara en contacto con el suelo, por lo que corría a grandes zancadas, como los atletas olímpicos.

Los pies terminaban en cuatro dedos, uno de ellos armado con una temible garra que medía ¡7 cm!

Utilizaba su gran garra para clavarla en el cuello de su víctima y atravesarle la tráquea. Cuando tenía la garra ya clavada, a la presa le resultaría muy difícil zafarse.